Josef Schiepek

Ueber die mnemotechnische Seite des sprichwörtlichen Ausdruckes

Josef Schiepek

Ueber die mnemotechnische Seite des sprichwörtlichen Ausdruckes

ISBN/EAN: 9783743652149

Hergestellt in Europa, USA, Kanada, Australien, Japan

Cover: Foto ©Paul-Georg Meister /pixelio.de

Weitere Bücher finden Sie auf **www.hansebooks.com**

PROGRAMM

DES

KAIS. KÖN.

STAATS-OBER-GYMNASIUMS

ZU

SAAZ (Böhmen).

VERÖFFENTLICHT AM SCHLUSSE DES SCHULJAHRES 1891.

INHALT:

SAAZ 1891.
VERLAG DES K. K. OBERGYMNASIUMS.

Ueber die mnemotechnische Seite des sprichwörtlichen Ausdruckes.

Vom k. k. Gymnasiallehrer Josef Schiepek.

Im vorjährigen Programmaufsatze wurde die Aufgabe gestellt, die am sprichwörtlichen Ausdrucke beobachteten Eigenthümlichkeiten auf ihren mnemotechnischen Wert hin zu prüfen, also der Form des Sprichwortes das Geheimnis ihrer innerhalb gewisser Grenzen unveränderten Erhaltung abzusehen. Untersuchungen in dieser Richtung dürften dem verschiedenen Volkscharakter entsprechend für verschiedene Sprachen, vielleicht sogar für verschiedene Dialecte derselben Sprache zu verschiedenen Ergebnissen führen. Die folgenden Zusammenstellungen beschränken sich auf ein eng begrenztes Sprachgebiet, dessen Sprichwörter Georg Schambach in zwei Sammlungen unter dem Titel: „Die plattdeutschen Sprichwörter der Fürstenthümer Göttingen und Grubenhagen", Göttingen 1851, und „Niederdeutsche Sprichwörter der Fürstenth. G. und Gr.", Göttingen 1863[1]) veröffentlicht hat.

Diese Sammlungen empfehlen sich zu dem gedachten Versuche besonders deshalb, weil den Sprichwörtern, die dem Volksmunde unmittelbar entnommen und in der wirklich gesprochenen Form geboten sind, fast durchwegs die übliche Anwendung beigefügt ist. Diese Angaben waren bei der Beurtheilung des bildlichen oder unbildlichen Sinnes ausschlaggebend; daher wurde z. B. II 481: Wenn det kucken vorbi is, geit det seien wéer an trotz der augenscheinlich möglichen Uebertragung des Sinnes nicht bildlich gefasst, weil der Sammler eine solche Uebertragung nicht bezeugt, während er dies sonst ausdrücklich thut. Dieses Vorgehen ist nicht ganz unbedenklich, aber das einzig mögliche, wenn man nicht den sicheren Boden der beobachteten Anwendung unter den Füssen verlieren und auf das Gebiet der höchst subjectiven Anwendbarkeit gerathen will. In zweifelhaften Fällen gibt überdies das „Göttingisch-Grubenhagen'sche Idiotikon" desselben Verfassers über die übliche Bedeutung der Worte auf diesem kleinen Sprachgebiete ergänzenden Aufschluss.[2])

1. Die Benennung der einzelnen Figuren folgt dem herrschenden Gebrauche. Aber wie überall, wo eine Mannigfaltigkeit concreter Erscheinungen

---

[1]) Im Folgenden mit I und II bezeichnet.
[2]) Wörterbuch der niederdeutschen Mundart der Fürstenthümer Göttingen und Grubenhagen oder G.-Gr. Jd. Hannover 1858.

4

in wenige, grosse Figuren eines Schemas ohne Rest aufgetheilt werden soll, ergab sich die Nothwendigkeit, kleine Erweiterungen einzelner Gattungsbegriffe vorzunehmen. So: sind unter der Rubrik Paradoxa auch jene räthselhaft klingenden Sätze zusammengestellt, zu deren Sinne die Mehrdeutigkeit eines Ausdruckes oder eine nicht an der Oberfläche liegende Beziehung den Schlüssel bildet. Vgl. I 398: Seben winter gewet gauen roggen. Epanastrophe wurde nicht nur in Satzverbindungen wie II 131, sondern auch in Satzgefügen angenommen, in denen bei gleichem Prädicat des Vorderund des Nachsatzes die gleiche Stellung der Wiederholung zur syntaktischen Regel wird. I 211 Variation: Wer sachte kümt, kümt ük. Desgleichen ist auch unter die Epanodos im engeren Sinne (mit Umkehr der Wortfolge) die in tautologischen Satzgefügen bei vorangehendem Nebensatz so häufig eintretende gleiche Form der Wiederholung einbegriffen worden. II 420: Wat eschein mot, mot eschein. Als Epanodos (im weiteren Sinne) ist auch die Wiederkehr des Anfangsgliedes am Ende des zweiten Satzes, als Epanalepsis die Wiederaufnahme einer ganzen Phrase bezeichnet worden. Der Wiederholung eines Wortes oder mehrgliedrigen Ausdruckes ohne charakteristische Stelle im Satzganzen wurde eine eigene Rubrik angewiesen.

2. Die Beurtheilung der fraglichen Eigenthümlichkeiten wird durch zwei Umstände nicht unbeträchtlich erschwert: durch die isolierte Betrachtung und durch die volksthümliche Natur des Sprichwortes. Es bedarf daher einer kurzen Auseinandersetzung der Grundsätze, nach denen bei der Annahme der einzelnen Figuren vorgegangen wurde. Vor allem ist festzuhalten, dass der Zweck der folgenden Untersuchung nicht erfordert, die am Sprichworte überhaupt bemerkbaren Figuren zu sammeln; denn dann würde mancher versteckte, durchaus bedeutungslose Reim, manche flüchtige Assonanz, mancher Anflug von Rythmus aufgenommen werden müssen; — sondern es gilt, diejenigen Figuren auszulesen, welche einen derartigen Grad der Ausprägung zeigen, dass ihre psychische Wirkung an der Erhaltung des ganzen Sprichwortes betheiligt gedacht werden kann. Es ist daher nothwendig, bei einzelnen Figuren die Grenzen der Ausprägung anzugeben, jenseits welcher sie für den vorliegenden Zweck nicht mehr in Betracht gezogen wurden.

Jene Umkleidung der abstracten Lehre „mit der concreten Form einer gesetzten, angenommenen Wirklichkeit", welche Wackernagel in seiner Poetik (Seite 161) zum Wesen des Sprichwortes rechnet,[1]) zeigt in den einzelnen Fällen einen sehr verschiedenen Umfang. Die unterste Grenze, bei welcher jene Determination des Allgemeinen aufhört, als noëtische Figur für uns in Betracht zu kommen, ist jedenfalls die Determination nach Zahl und Menge, vorausgesetzt, dass dieselbe keine Hyperbel oder Litotes begründet; z. B. II 108: Drei gröte bönen sind sau gaud as 'ne mund vul bröd, oder I 126: Ein hem is beter as teine krigen. Determination der Beschaffenheit wurde hingegen überall berücksichtigt, z. B. I 127: En sparling in der hand is beter as 'ne düwe upn däke. Eine weitere Schwierigkeit für die sichere Zuerkennung der Determinierung liegt in dem schon früher besprochenen subjectiven Charakter des zugrunde gelegten Allgemeinen. Hier können blosse Theile des Ausdruckes in Betracht

---

[1]) In der vorliegenden Arbeit wird die Bezeichnung „Sprichwort" in dem üblichen weiteren, nicht in diesem begrenzten Sinne gebraucht.

kommen, über deren Natur auch die beigegebene Erklärung keinen un-
zweifelhaften Aufschluss gibt. Derartige Fälle wurden als unsichere nicht
eingerechnet.[1])

Da in ähnlicher Weise die Zusammenfassung von Theilvorstellungen
zur Gesammtvorstellung überall mehr oder weniger fraglich bleiben müsste,
wurde die Figur der Distribution ganz übergangen, was bei dem ver-
vereinzelten Vorkommen derselben wohl unbedenklich geschehen kann.

Verblasste oder im Verblassen begriffene Bildlichkeit blieb unberück-
sichtigt, z. B. in II 534: Wer friet, dei het dat halwe brôd. · Denn da bei
den meisten Sprichwörtern höchstens die Zeit der frühesten Fixirung,
nicht aber die Zeit der Entstehung ermittelt werden kann, und ebenso
wenig der Beginn der bildlichen Verwendung eines Wortes in der
gesprochenen Volkssprache auf dem einzig zu Gebote stehenden
literarischen Wege erreichbar ist, so ist ein anderer Vorgang eben
nicht möglich. Eine Ausnahme lässt sich nur mit jenen Fällen machen,
in denen die ursprüngliche bildliche Bedeutung durch einen gegenüber-
gestellten Begriff gehoben ist und so lebendig blieb. Vgl. I 24: Wat
en'n angeit, wat en'n ofte geit, oder I 117, II 271, 473 u. a. In den
Fällen, wo ein Substantiv durch ein Adjectiv vertreten erscheint, wie II 330:
Owerglad bringet baddelsack, wurde dem Wesen dieser volksthümlichen
Ausdrucksweise und der historischen Entwickelung entsprechend keinerlei
Bildcharakter angenommen, da hier nicht von Vertauschung getrennter, son-
dern nur von mangelnder Trennung an sich verschiedener Begriffe die Rede
sein kann. Hingegen entbehrt des bildlichen Charakters auch für das
volksthümliche Bewusstsein viel weniger die Vertretung des concreten
Substantives durch das abstracte, wie in I 146: Hoffârt wil twang lien.
Gleichfalls hart an der Grenze zwischen dem bildlichen und unbildlichen
Gebiete, aber doch wohl dem ersteren zuzuweisen sind Sprichwörter wie
I 355: Mathis breket dat îs. Vgl. auch I 356, 370. Dass bei derartigen
Wetterregeln der Tag, wenn auch nicht ausschliesslich, so doch mehr als
der Heilige desselben vorschwebt, zeigt der Singular des Prädicates bei
pluralischem Subjecte, wie in II 636: Hilge drei Könige bôet 'ne brûe,
oder hei brekt eine. Dieselbe Mittelstellung nehmen die Fälle der an-
scheinend selbständigen Beseelung von Körpertheilen ein: I 236: Wen
man der mund wat büt, sau nümt se wat. Vgl. II 16, 712.

Fordert so die volksthümliche Natur des Sprichwortes in Verbindung
mit dem Zwecke der gegenwärtigen Untersuchung bei der Zuerkennung der
Bildlichkeit eine gewisse Zurückhaltung, so fordern dieselben Umstände bei
der Feststellung einzelner anderer Sinnesfiguren eher eine entgegengesetzte
Vorsicht. Die psychischen Wirkungen des Paradoxen, Humoristischen,
Ironischen, Selbstverständlichen sind durchaus subjectiv, von dem vorüber-
gehenden Bewusstseinsinhalte wie von der bleibenden seelischen Gesammt-
ausbildung abhängig. Im Umgange mit dem Volke ist die Erfahrung leicht
zu machen, dass ein Satz, der z. B. kein Paradoxon enthält, in der Auffassung des gemeinen Mannes einen paradoxen Klang gewinnt und sich
deshalb leichter einprägt. Dieser naiven Freude am paradoxen Klang ver-
danken wohl Sätze wie I 244: De ôgen sint grôter as de bûk ihre Erhaltung. Neben den bekannten Sinnesfiguren tritt im Sprichworte noch

---

[1]) Vgl. I 162: Vorn deiwe kann man de dôr tauslûten, vorn bedreiger âwer nich,
worin der Ausdruck de dôr tauslûten immerhin als Determ. eines Allgemeineren gelten könnte·

6

eine Eigenthümlichkeit hervor: es ist die überraschende Einordnung mehrerer Begriffe unter einen und denselben andern, wodurch ein einfaches Schema entsteht.[1]) Die Freude an solcher Schematisierung oder Parallelisierung eines mehrgliedrigen Gedankeninhaltes macht wohl den Hauptbestandtheil der psychischen Wirkung der Priamel aus.

Unter „Gegensatz" wurden nicht nur alle Fälle der Antithese und des Contrastes eingereiht,[2]) sondern auch jede andere unzweifelhaft hervortretende Entgegenstellung zweier Gedanken, mag dieselbe nun durch adversative und concessive Partikeln gekennzeichnet sein oder nicht; denn nur so konnte die volle Bedeutung des Gegensatzes für die gestellte Frage zutage treten.

Als Dilogie wurden nur jene Wortspiele bezeichnet, welche aus der mehrfachen Bedeutung desselben Ausdruckes oder aus der verschiedenen Bedeutung zweier gleicher Ausdrücke entspringen. Die wortspielenden Reime hingegen wurden nicht als eigene Gruppe behandelt, da in den kurzen, oft nur aus 2 Reimwörtern bestehenden Sätzen des Sprichwortes die Grenze zwischen jenen beiden Gattungen kaum ohne Willkür gezogen werden kann. So trägt I 345: Kalffleisch half fleisch den Charakter des Wortspieles mehr an sich als etwa I 373: Dröæme sint fœæme.

Bei den Wiederholungsfiguren ist die fragliche Grenze der Berücksichtigung leichter zu ziehen. Mit Ausnahme der Wiederholung der Copula an unauffälliger Stelle, also ohne dass Anaphora u. s. w. entstünde, musste hier wohl jede Wiederholung in Anschlag gebracht werden. Denn jede Wiederholung, die nicht, wie in der Epizeuxis, blosser Verstärkung dient, ist durch eine eigenartige Gestaltung, eine Art Parallelisierung des Gedankens bedingt, und sollten die Glieder dieser Parallele auch nur, — wie bei der Wiederholung derselben Präposition bei verschiedenen Substantiven oder der gleichen Form des Hilfszeitwortes bei gleichem Genus, Tempus oder Modus verschiedener Verba, — in einem gleichen Verhältnisse bestehen. Vgl. II 396: Vor'n dûwel kan men de dôr tauslûten, vor'n bedreiger nich. Eine derartige Gestaltung kann für die gedächtnismässige Festhaltung des Gedankens in keinem Falle gleichgiltig sein. Nur bei so umfassender Berücksichtigung der Wiederholung wird die Bedeutung der parallelen Gliederung des sprichwörtlichen Gedankens neben der oben angedeuteten gegensätzlichen Gliederung nicht unterschätzt werden.

Unter den phonetischen Figuren sind einzelne Fälle der Alliteration und der Assonanz zweifelhaft.

Die Grenze ist bei der Alliteration schwer zu ziehen, da es jedenfalls bedenklich ist, die Annahme derselben auf allit. Formeln, auf die Hauptbestandtheile und auf die correspondierenden Glieder der Sätze zu beschränken, und anderseits ohne diese Beschränkung die Beurtheilung unsicher bleibt.[3])

Bedeutenden Schwierigkeiten begegnet wegen der geringen Ausdehnung des Sprichwortes auch die Feststellung des Rythmus. Dass erst bei 4 Hebungen, die auf 2 gleichgebaute, zweihebige Verse vertheilt sind, von rythmischer Gliederung gesprochen werden kann, ist klar. Der Einschnitt

---

[1]) I 164 : Wér nich hœæren wil, mot foilen.
[2]) Die Unterscheidung dieser beiden Figuren ist wegen der Möglichkeit ihrer Vereinigung an demselben Gegensatze nicht gut durchführbar.
[3]) Die Einrechnung dieser minderwertigen Fälle, sowie die anderer Figuren, erhebt die Ziffern zu Maximalziffern.

zwischen den beiden Versen befindet sich in einfachen Sätzen meist zwischen Subject und Prädicat. Vgl. I 19: Jung gewênt is âld gedân. An dieser Stelle wird im volksthümlichen Vortrage des Sprichwortes, besonders wenn Subject und Prädicat Reimworte sind, aber auch sonst, eine förmliche Pause beobachtet. Ohne einen solchen Einschnitt wurde Rythmus bei 4 Hebungen nur dort angenommen, wo er durch Inversion bedingt erscheint, wie in II 395: Vor'n dâd kein krûd ewossen is. Bei 6 oder 8 in ähnlicher Weise getheilten Hebungen tritt meist die gleiche Zahl der Hebungen in beiden Versen deutlich genug hervor, um die Annahme der rythmischen Gliederung auch ohne regelmässige Abfolge von Hebung und Senkung zu rechtfertigen. Vgl. I 250: Man dei is klauk un wol gelêrt, dei alle dinge taun besten kêrt. Bei ungerader Zahl der Hebungen endlich wurde Rythmus auch nur dort angenommen, wo die Wortfolge eine Besonderheit aufweist. Vgl. I 132: Vêle hunne sint des hâsen dâd.

Ausser den eigentlichen Figuren wurden auch die Fälle der grammatischen Inversion zusammengestellt. Unter dieser Rubrik sind ausser den Fällen der Wortfolge des Hauptsatzes in Nebensätzen, wie in II 456, und der des Nebensatzes im Hauptsatze, wie in I 116, auch die Fälle der Voranstellung des attributiven Genitives vor das Substantivum aufgeführt. Denn die volksthümliche Construction des pron. poss. mit dem Dativ an dessen Stelle ist auch in diesem Dialecte üblich: I 103: Einen sin ungelücke is den andern sin glücke; I 253, 367 Var., 382 Var., II 41, 87, 158, 276.

3. Für die Art und Weise, Verbindungen von Figuren an demselben Sprichworte anzunehmen, ist der Umstand entscheidend, ob eine Figur ihrer Natur nach mit einer andern verbunden ist, oder nicht. Demgemäss wurde z. B. bei der Dilogie von der oben bezeichneten Art die Wiederholung nicht als besondere Figur behandelt, wohl aber bei der Tautologie.

———

Die Sammlung I enthält 400, II 717 numerierte Sprichwörter. Von diesen können I 149, 358, 359; II 287, 663, 679, 684, 697 nicht wohl in Betracht gezogen werden; denn I 149: Alles to weten noch vêle to jung, und II 287: Like vater, like moime sind nur sprichwörtliche Redensarten, II 684 und 697 können nach den beigefügten Varianten einzelner Theile, deren keine durch irgend welche Besonderheit von den übrigen absticht, kaum als feststehende Sätze gelten. Bei den übrigen sind zwar nicht so zahlreiche Varianten angegeben, aber es sind sämmtlich Wetterregeln, deren Fassung des sprichwörtlichen Charakters entbehrt. Vgl. II 679: Wenn sek de düwen bâet, sau gift et rëgen. Ausserdem fallen wegen vollständiger Gleichheit weg: II 671 (= 670), 673 (= 672) und II 281 (= I 212). Ausser den verbleibenden 1106 Nummern wurden 132 von den verzeichneten Varianten, die eine nach Figuren classificierbare Verschiedenheit gegenüber der numerierten Fassung aufweisen, in die Untersuchung einbezogen.[1]) Es sind folgende: I: 8, 9, 46, 65, 72 mit Zus., 92 Var. 1, 92 Var. 2, (Seite 92) 99, 120, 122, 129, 137 m. Zus., 143, 158, 171, 190 m. Zus., 195, 199, 211, 243 Var. 2, 249 m. Zus., 264, 268 m. Zus., 275, 277, 300 Var. ohne Zus., 300 Var. m. Zus., 313, (Var. Seite 92), 314 m. Zus., 319, 351, 355, 367, 380 Var. 1, 380 Var. 2, 380 Var. 3, 382, 396; II: 6, 16 Var. 1, 16 Var. 2, 24 Var. 1, 24 Var. 2, 24 Var. 3, 27 Var. 1, 35, 37 Var. 1, 46, 48, 48

---

[1]) Auch Zusätze zur ersten Fassung wurden als Var. behandelt.

m. Zus., 56 Var. 2, 96, 98 m. Zus., 108, 131, 148, 151, 161, 163 Var. 1,
163 Var. 2, 201, (Seite 190), 233, 240 Var. 1, 250, 251, 254 Var. 2,
267, 288 Var. 1, 288 Var. 2, 315, 319 m. Zus., 335 (Seite 190,) 336, 338,
346, 354, 360, 367 m. Zus., 376 m. Zus., 383 Var. 1, 383 Var. 2, 386, 393, 398, 404,
406, 415, 417, 421, 428 m. Zus., 435 m. Zus., 451, 460 Var. a, 460 Var.
a (in der Klammer), 460 Var. b, 465 Var. 2, 466, 470 (in der zweiten
Bedeutung), 473, 484, 487, 492, 498, 502, 504, 510, 519 m. Zus., 520,
528, 541, 556, 557, 565 Var. ohne Zus., 565 Var. m. Zus., 576, 578,
582, 595 m. Zus., 599, 621, 622, 624, 629, 633 m. Zus., 634, 639 m. Zus.,
639 Var., 666, 669, 678 Var. 2, 694.

Endlich sind unter II 279 zwei nicht numerierte Sprichwörter (nicht
Varianten), unter I 383, II 115 und 698 je ein solches angeführt; diese
wurden ebenfalls eingerechnet. Die Gesammtzahl von 1243 Fällen bot
eine hinreichend breite Grundlage für die beabsichtigten Zusammenstellungen.

I. Zunächst seien die zahlenmässigen Aufschlüsse über die Häufigkeit
der einzelnen Figuren ins Auge gefasst.

a. Was die Bildlichkeit anbelangt, so konnte, trotzdem die beigegebene Erklärung in vielen Fällen über die in der Einleitung berührten
Schwierigkeiten hinweghilft, auf die einzelnen Arten der Tropen deshalb
nicht eingegangen werden, weil dort, wo sich die Bildlichkeit durch mehrere
Glieder fortsetzt, die verschiedenen Arten der Tropen sich oft nur als verschiedene Seiten der Auffassung einzelner Theile darstellen. Fruchtbarer
ist die in den Bemerkungen Seite 12 f. erörterte Unterscheidung des Verhältnisses,
in welchem der bildliche Ausdruck seinem Wortsinne nach zur Erfahrung
steht, weil der hierin begründete Umfang der gegenseitigen Reproducierbarkeit zwischen Wort- und Bildsinn für die Erhaltung des Ganzen nicht
unwichtig sein kann. — Aus den 659 Fällen beobachteter Bildlichkeit können 157 ausgeschieden werden, welche einen erfahrungswidrigen oder doch
über die Erfahrung hinausgehenden Wortsinn haben. Es sind folgende:
a 72 Personificationen[1]): I 35, 78[2]), 96, 154, 158, 171 Var., 184, 190
m. Zus. 192, 217. 323, 348, 351, 351 Var., 362, 367, 367 Var., 378,
379, 381, 382, 384, 399; II 13, 55, 69, 78, 96 Var., 103, 112, 143,
162, 235, 236, 289, 315, 315 Var., 483, 489, 523, 604, 617, 620, 627,
631, 632, 682, 685, 699, 705. Minder ausgeprägte Fälle sind: I 67[3]), 75,
106, 108, 146, 155, 166, 236, 355, 355 m. Zus., 356, 370; II. 16, 16
Var. 1, 16 Var. 2, 202, 317, 465, 502 Var., 636, 652, 712. An diese
Fälle seien auch diejenigen Sprichwörter angeschlossen, die entweder wirklich aus Fabeln entstanden sind oder als Analogiebildungen zu derartigen,
zu Sprichwörtern verdichteten Fabeln aufzufassen sind: I 66, 88, 94, 300,
300 Var. ohne Zus., 300 Var. m Zus ; II 30, 160, 169, 316, 531, 548,
658, 703[4]). Wahrscheinlich auch II 44. (= 15 Fälle.)

b. 13 Hyperbeln: I 31, 101, 361; II 151 Var., 157, 175, 186,
406, 406 letzte Var., 552, 656, 672, wohl auch II 469[5]). Hieran reihen

---

[1]) Z. B. I 154: De uprichtigkeit is slåpen egån.
[2]) Durch den Druck sind jene Fälle hervorgehoben, an denen ausser der Personification
keine andere Figur zu bemerken ist. Eine ähnliche Bedeutung hat die Hervorhebung bei allen
folgenden Eigenthümlichkeiten.
[3]) Den râwen upn dâke un den fos vor der dôr is nich to trûen, ist in I unrichtig, im
W. B. unter fos richtig auf das Haupt- und Barthaar gedeutet.
[4]) Z. B. I 66: Man mot den wulf nich taun schåpmester setten.
[5]) Z. B. I 31: Erst 'ne næse, un denn 'ne brille.

sich jene drastischen Bilder, welche zur Setzung eines möglichst starken Falles über alle Erfahrung hinausgreifen: I 26, 60, **233**, 286, 287, 299; II 61, **99, 119**, 444, **463, 471**, 484, **484** Var., 485, **528**, 528 Var. 1, **581** 585.[1]) (=19 F.)

c) Als erfahrungswidrige oder ausserhalb der Erfahrung liegende Urtheile müssen endlich noch 38 Fälle hieher gerechnet werden: I 14, 15, **25**, **57, 123**, 134, 180, **200, 228**, 242, 244, **273**, 311, 312, 349, **380** Var. **2**, **380** Var. **3**, **396**, 396 Var.; II 19, 38, 46, 46 Var., **48**, 48 m. Zus., 63, 90, 158, 226, 451, 451 Var., **468, 502**, 514, **560**, 574, **659**, 704.[2])

Ueber die Einreihung in die genannten Gruppen kann man in einzelnen Fällen anderer Meinung sein. Es kommt hier aber weniger auf diese Gruppen als auf die allen gemeinsame Eigenthümlichkeit an, dass die aus der Erfahrung aufgegriffenen Bildelemente zu einem Ganzen verarbeitet erscheinen, das sich als solches mit keiner Erfahrung deckt, weshalb das Ganze des Wortsinnes nicht in der Rolle des Ausgangspunktes der Reproduction gedacht werden kann.

Die übrigen 501 Fälle lassen sich aber nicht alle in demselben Sinne als erfahrungsgemäss bezeichnen. Nur in 290 Fällen enthält der Wortlaut ein Urtheil, welches auch in seiner Verallgemeinerung als der Erfahrung entsprechend gelten kann, freilich nicht immer der Erfahrung der Gegenwart,[3]) sondern auch jener der Vergangenheit[4]): I **4, 5, 6, 7**, 9, 9 Var., **12**, 13, 18, 22, **30**, 36, **37, 38, 40**, 46 Var., 47, 48, 49, **53**, 58, 59, 61, 62, **65**, 65 Var., 70, **72, 72** m. Zus., **76**, 77, **80**, 86, **87**, 92 Var. 1, **93, 97, 107, 109**, 110, **112**, 113, 117, 127, 128, 129, 129 Var., 132, **136**, 140, 147, **151, 163**, 167, 172, 173, 179, 186, 189, **191**, 193, 196, **197**, 201, **203, 204**, 205, 206, 208, 210, **211**, 211 Var., 212, **214**, 216, 218, **219, 220**, 221, 222, **224**, 225, 226, 230, **239**, 240, 241, 246, **248**, 251, 255, 256, 257, 258, 259, 260, **261**, 262, 263, 267, 270, **271, 272**, 275, **275** Var., 277, **277** Var., 278, **284**, 285, **292**, 293, **293**, **304**, 314, 314 m. Zus, **316**, 320, 321, **324**, 327, 328, 340, **341**, 389, 390, 391, 394; II **2**, 6, 6 Var., **10**, 11, **24, 27**, 27 Var. 1, **31**, 35, 35 Var., **45, 50, 52**, 80, 81, **86**, **89, 94**, 98, 98 m. Zus., **100, 113**, 114, **115**, 115 (in der zweiten Bedeutung), **118**, 128, **132, 140**, 146, 150, 161, **161** Var., 168, 179, 182, 184, 191, 198, **209, 211**, 212, **215**, **218**, 225, **234**, 238, 240, 240 Var. 1, **243**, 244, 245, 248, **259**, 260, **262**, 264, **275**, 291, **297**, 298, **302**, 306, 307, **309**, 313, **324**, 327, **329**, 333, **334, 353**, 359, **363**, 367, 367 m. Zus., 369, **374, 377**, 379, 395, **397, 401**, 413, **416**, **417**, 417 Var., **421** Var, **423**, **432, 442, 446**, 447, **449, 450, 455**, 457, 458, **462**, **465** Var. **2**, **466**, 466 Var., 474, 475, 477, **478, 479**, **480, 482, 488**, 497, 498, 498 Var, 503, 506, **513 515, 525, 530**, 532, **565**, 539, 540, 542, 543, 546, 549, 551, 553, **557**, 557 Var., **565**, **565** Var. ohne Zus., 565 Var. m. Zus., **566**, 579, 584, **587**, 588, **593**, **696**, 597, **598, 599**, 599 Var., 602, 607, **608**, 612, 613, **630**, 696.

---

[1]) Z. B. I 26: Sni ek mek mine naese af, sau schaenn' ek mek min angesicht. — Auch die oben schon eingerechneten Fabelsprichwörter I 300 und Var., II 30, 169, zeigen abgesehen von der dort berücksichtigten Eigenschaft einen im obigen Sinne drastischen Charakter: II 30: Dat is hard, sê de bock, as he lammen solle.

[2]) Z. B. I 200: Wenn et bri regent, het man kenen lepel.

[3]) Z. B. I 18: Sau as man den bâm in der jügend tüt, sau blift he in ôler.

[4]) Z. B. I 285: Jeden narren gefellt sine kappe. Vgl. auch I 129, 129 Var., 263; II 94, 519, 530, 597, welche sämmtlich von dieser Art sein dürften.

Vielleicht gehört I 138, 231, **249, 249** m. Zus., II 120, 296, **509**, 520, 520 Var. ebenfalls hieher.

Auch die 13 Fälle jener allgemeinen Urtheile, deren Wortsinn von der Erfahrung erst nach Einschränkung der allgemeinen Fassung als richtig anerkannt werden kann, sind den vorangehenden Fällen unbedenklich anzureihen. Denn im einzelnen Falle, auf den es hier ankommt,[1]) steht die Thatsache dieser beschränkten Geltung der Reproduction von dem selbständig angeregten Wortsinne aus, der ja eine Erfahrung immerhin ausdrückt, nicht im Wege. Von dieser Art sind die Fälle: I 90, 98, 104, 124, 380, **380** Var. 1, 392; II 37 Var. 1, **424**, 431, 492, **492** Var., 560.[2])

Von gleichem Werte in Bezug auf die wechselseitige Reproducierbarkeit ist die Bildlichkeit in 18 Vergleichen: I 95, **313**, 388, 400; II 8, 12, 73, **76**, 200, 270, 344, 347, 351, 372, 533, 583, 591, 690, da die Reproduction auch dieser Sätze vom Comparandum wie vom Comparatum aus gedacht werden kann,[3]) somit in einer ähnlichen günstigen Lage ist, wie bei den zuerst angeführten Fällen wegen des gleich möglichen Ausganges vom Wort- und vom Bildsinne.[4])

16 Fälle bieten positive Urtheile, welche allerdings der Erfahrung entsprechen, aber mehr oder weniger selbstverständlich erscheinen, nämlich: I 11, 73, 145, **194, 268, 268** m. Zus., **279, 319, 319** Var.; II **121, 195, 274**, 366, **392, 470**, 470 (in der zweiten Bedeutung.[5])

Eine kleine Gruppe bilden diejenigen Sprichwörter, deren Bildstoff nicht der allgemeinen, sondern der Erfahrung der Geschichte oder der Sage angehört. In Bezug auf die möglichen Anlässe zur Reproduction vom Wortsinne aus scheint diese Art hinter den bisher genannten zurückzustehen, doch ist damit über den mnemotechnischen Wert dieser Bildlichkeit noch nichts entschieden. Es sind folgende: II 22, 272, **385**, 396, 398 Var. 2, wahrscheinlich auch II **84, 308**, 356.[6]) (9 F.)

Die übrigen bildlichen Fälle bilden die letzte Gruppe. Es sind theils solche, welche nicht leicht einer der oben beschriebenen Arten zugewiesen werden können, wie I 43[7]), theils solche, bei welchen die Frage nach dem Verhältnisse zwischen Wort- und Bildsinn müssig ist; dies ist der Fall bei einzelnen Tropen des Ausdruckes,[8]) bei der Periphrase,[9]) bei den Vergleichen, welche die oben angeführte Eigenschaft nicht besitzen,[10]) endlich bei 23 negativen bildlichen Sätzen.[11]) Diese Fälle sind: I 24, 28, 42, 43, **51, 68**, 99, 99 Var., 111, 131, 135, **158** Var., **159**, 174, 199, **199** Var., **202**, 232, 238, 253, 264, 264 Var., **269**, 274, 283, 297, 305, 306, 310, **313** m. Zus. Seite 92, 322, 339, 350, 353, 354, 360, 368, 373. II 9, 14, 21, 23, 24 Var. 1, 24 Var. 2, 24 Var. 3, 29, 40, **41, 48** Var., 68, **74, 83**, 87, 95, 96, 106, 124, **138, 145**, 149, 159, 164, **190, 201**, 201 Var.

---

[1]) Dies wurde im vorjährigen Programmaufsatze ausseracht gelassen.

[2]) Z. B. I 98: Den vogel, dê froi singet, fret de katte, und so viele Verallgemeinerungen des Aberglaubens oder gut gemeinter Warnungsregeln; vgl. auch II 424, 492 und Var., I 28.

[3]) Z. B. I 95: Glück und glas, wô bâle breket dat.

[4]) Ueber andere Arten von Vergleichen s. weiter unten.

[5]) Z. B. I 279: Bi nacht sind alle katten swart.

[6]) Z. B. II 22: Bist du mîn vôgel nich mêr,
Drag' ek dek ôwer det wâter nich mêr.

[7]) En gaud vôgel het en gaud nest.

[8]) Z. B. II 74: De pêre hebbet holige köppe.

[9]) Z. B. II 460 a: Wenn de sunne schint an de wenne.
Réget de fülen de henne.

[10]) Z. B. II 624 Var.: Mai steit vor'n sommer, asse de tûn vor de sâd.

[11]) Z. B. I 115: Upn drögen is kein gaud fischen.

S. 190, 208, 222, 227, 239, 253, 257, 258, 271, 273, 279 (das unter dieser
Nr. zuletzt angeführte Spr.) 285, 294, 295, **303**, **304**, **325**, 342, 345,
352, **357**, **360**, 360 Var, 375, 380, 387, 405, 407, **410**, **411**, **429** 443,
445, **439**, 460 Var. a, 460 Var. a (in der Klammer), 460 Var. b, 473,
473 Var., 494, 501, 507, 510, 510 Var., **522**, 524, 558, 561, 569, **573**,
589, **606**, 614, 623, 624, 624 Var., 640, **644**, 654, 661, 667, 677, 681,
683, 691, 693, 706, 709, 710 (= 133 F.) Negative Urtheile: I 89, 115, **150**,
243, 243 Var 2, 247, **397**; II 25, **53**, **109**, **153**, 187, **194**, **203**, **210**,
376, 376 m. Zus., **382**, **388**, **418**, 541, 541 Var., 559 (= 23 F.)
Alle übrigen Fälle wurden als unbildlich behandelt.[1])

Uebersicht : Unbildlich 584 Fälle }
Bildlich   659   ,, } 1243 F.

u. zw.: erfahrungsgemässer Wortsinn : 346 F., }
erfahrungswidriger   ,,   157 ,, } 659 F.
hiezu die nicht eingetheilten   156 ,, }

Von den übrigen Sinnesfiguren sind vertreten: Das Paradoxon in
54 F.[2]): I 8, 8 Var., **10**, 21, 41, **52**, 134, 170, 185, 210, 244, 276, 290,
303, **398**; II 45, **47**, 56, 56 Var. 2, 64, 67, 91, 126, 131, **131** Var.,
134, **147**, **154**, 167, 171, 226, 235, 263, **283**, 307, **318**, 373, 438, **464**,
482, 486, 561, 606, 614, 631, **662**, 682, 704, 706, 707; wohl auch in
I 183[3]), II 81, 621, **621** Var.; — die Ironie in 17 F.: I 29, 79, **148**[4]),
152, 153; II 78, 104, 197, 467, 472, 517, **521**, 687, 694, 694 Var., 701,
703; — die Litotes in 3 F.: I 115, 110 **355**, **394**; — die Dilogie in der
S. 6 bezeichneten Beschränkung in 23 F.: I 63, 89, 297, 337, II 25, 56,
56 Var. 2, 64, 72, 115, (in der zweiten Bedeutung,) 141, 150, 164, 180,
255, 403, 413, 473, 473 Var., 569, 688, **695**, wohl auch in I 128[5]); —
die Tautologie in 14 F.: I 64, II 26, 135, 141, 207, 267, **267** Var., 269,
312, 337, 415, 415 Var., 420, 422; — der Gegensatz in 240 F.: I 4, 7,
8, 8 Var., 16, 18, 19, 20, 21, 23, 27, 29, **32**, 33, 44, 49, 54, 91, 102,
103, 104, 105, 113, 121, **122**, 122 Var., **126**, 127, 131, 161, 162, 171, 171
Var., **181**, **182**, 184, 188, 209, 212, 237, 251, 252, 260, 262, 264, 264
Var., 290, 296, 305, 306, 312, 317, 332, 336, **338**, 340, 343, 347, 351,
351 Var., 353, 360, **374**, 390, II 1, 12, 13, 16, **17**, 24, 24 Var. 1,
24 Var. 2, 24 Var. 3, 32, **34**, 35, 35 Var., **36**, 45, 50, 59, 60, 61, 62,
67, 68, 70, 82, 88, 91, 96, 96 Var., 104, 108, 108 Var., 114, 123, 124,
125, 126, **130**, 131, 133, 156, 159, 163, 163 Var. 1, 165, 167, 170, 171,

---

[1]) Das Verhältnis der bildlichen Fälle zu den unbildlichen, sowie das Verhältnis der
einzelnen Arten der Bildlichkeit in den Sprichwörtern verschiedener Sprachen und Dialecte
wären sichere Anhaltspunkte für die Charakterisierung eines Volksstammes. Insbesondere könnte
das Verhältnis zwischen erfahrungsgemässem und erfahrungswidrigem Wortsinne im Sinne eines
Gegensatzes zwischen der passiven Aufnahme des von der Erfahrung gebotenen Bilderstoffes
und der activen Bearbeitung derselben, also zwischen objectiver und subjectiver Naturbetrachtung
gedeutet werden. Nicht minder scharfe Streiflichter würden durch ähnliche Zusammenstellungen
über die Verbreitung des Paradoxons, der Ironie, der Litotes, der Hyperbel u. s. w. auf den
Volkscharakter fallen. Eine mehr als allgemeine Deutung würden die Ergebnisse solcher Ver-
gleichungen freilich erst dann erfahren können, wenn die psychologische Wirkung der einzelnen
Figuren durch eine gründliche Analyse festgestellt wäre.

[2]) Einschliesslich der verwandten Sinneseigenthümlichkeiten.

[3]) Wer sek nich schamet, dei eruërt sek wol.

[4]) Wat du nich weist, vergetest du nich wêer, von Schambach wohl allzu gekünstelt
erklärt, (—„ich brauche das nicht erst wieder zu vergessen, was ich zu vergessen selbst wünschen muss"—) wird am einfachsten als einer der häufigen Fälle ironischen Trostes gefasst
werden. Vgl. II 467.

[5]) Kômet doch de ûlen ût, un hebbet sau dicke köppe.

173, **176**, 178, 179, 183, 192, 193, 202, **206**, 216, 224, 226, 232, 238, 249, 250, 250 Var., 251, 251 Var., 253, **261**, 263, 269, 270, 271, 273, 278, 284, **290**, 291, 292, 301, 305, 306, 310, 312, 315 Var., 317, 331, 332, 335, 335 Var. S. 190, 344, 349, 350, 359, **364**, 368, 383 Var. 2, 396, 402, 403, 404, 404 Var., 405, 407, 419, **425**, **428** m. Zus., 438, 439, 443, 452, 473, 473 Var., 476, **481**, 490, 498, 498 Var., **505**, 519 m. Zus., 520, 520 Var., 523, 532, 538, 540, 541, 543, 549, 550, **555**, 574, 583, 588, 589, 592, 604, 606, 610, 612, 617, 619, 621, 622, 622 Var., 627, 631, 634, 634 Var., 636, 639 m. Zus., 639 Var., 641, **642**, 645, 648, 652, 653, 655, 660, 661, 666, 666 Var., 667, 668, 681, 682, 687, 688, 694, 698, 713, 714, weniger ausgeprägt auch I 28, 54, 174, II 166. Hiezu kommen 32 Fälle adversativer und concessiver Satzformen. (4 Fälle ohne Figuren.)

Parallelismus des Sinnes findet sich nur in 8 F.: I 222[1]), II 213, 315, 344, 541, 590, 591, 613; — Climax und verwandte Erscheinungen[2]) in 5 F.: I 8, 8 Var., II 91, 372, **445**; Emphase in 14 F.[3]): I 119, 243, 243 Var. 2, II 35 Var., 67, **77**, 136, 167, 192, 193, 235. 236, 257, 282; endlich könnte man noch als Sinneseigenthümlichkeiten anführen: Prägnanz des Sinnes in 5 F.[4]): I 83, II 187, **341**, 369, **575**; die oben S. 6 beschriebene Schematisierung in 3 F.: I **164**, II 129, (Priam.) 155, (Priam.) und humoristische Färbung in 51 F.[5]): I 73, 128, 135, **137** m. Zus., 145, 208, 238, 253, 283, 293, 294, 320, 327, **383**, (das zweite unter dieser Zahl,) II 6, 6 Var., **66**, 70, 72, 73, 82, 98, 98 m. Zus., **110**, **122**, 146, 152, **188**, 204, **205**, 225, 260, 279, (das letzte unter dieser Zahl,) 296, 320, 345, **362**, 376, 376 m. Zus., 379, 470, (im zuletzt angeführten Sinne,) 478, 478 Var., **495**, 508, 537, 633, 714, **715**, wohl auch in II 191, 654.

b. Wiederholungsfiguren wurden gezählt[6]) u. zw. Anaphora in 107 F.; davon entfallen 46 Fälle auf Conjunctionen wie ie (22 F.) und andere Einleitungswörter; Epiphora in 42 F.; Epanastrophe in 28 F. (11 mal E. der Copula); Paronomasie in 12 F.; Epanodos in 4 F.; Epanalepse in 1 F. Wiederholung ohne bestimmte Stelle in 244 F.; davon entfallen auf Pronomina 35 F., auf Formwörter (Präpos. und Auxil.) 28 F.[7])

c. Phonetische Figuren finden sich u. zw.: Reim in 299 F. Als minder sicher sind nur II 161, 174, 184 zu bezeichnen;[8]) Alliteration in 159 F.; minder ausgeprägte Fälle sind nicht selten: I 9, 59, 325, 344, 352, 357, 390, II 3, 169, 240 Var. 1, 276, 323, 332, 342, 398, 398 Var., 494, 560, 617, 623, 626, 629, 700; (23 F.) Assonanz in 64 F.; in I 342, II 28 und

---

[1]) Allte spitz dat steckt nich;
Allte scharp dat snit nich.

[2]) Z. B. I 8: Ein kind, kein kind, twei kind spělkind, drei kind recht (Var.: věl) kind.

[3]) Z. B. II 67: De mûse frêtet det kôren wolfěle, un de sniggen dûer.

[4]) Z. B. II 187: Et it nich alle dage sunndag.

[5]) Z. B. II 82: Dei froi upsteit, dei vêle vertêrt,
Dei lange slôpt, děn god emêrt.

[6]) Für die folgenden Zusammenstellungen können die Belege füglich wegfallen, da die Zuerkennung der übrigen Figuren nicht in demselben Sinne fraglich sein kann, wie die der Sinnesfiguren. Es genügt wohl, alle in Bezug auf die Einrechenbarkeit irgend wie minder sicheren Fälle einzeln anzuführen.

[7]) Vgl. S. 6.

[8]) 80 Reime können als wortspielende bezeichnet werden: I 282, 339, 345, 369, 373, 400; II 93, 126, 127, 143, 270, 280, 285, 305, 319, 319 m. Zus., 336, 348, 368, 381, 436, 438; 439, 440, 472, 556, 556 Var., 576, Var., 690, 691.

404 minder sicher; (3 F.) Onomatopoesie in 3 F.; hier sei auch der Rythmus mit 153 F. angeschlossen. Zweifelhaft sind hievon I 347, (theilweise R.) 351 Var., 391; II 217, 269, 284, 312, 365, 366, 586, 591.

d. Rethorische Figuren sind spärlich vertreten u. zw.: Rhet. Ausruf in 8 F., rhet. Frage in 8 F., Dialogismus in 1 F.[1])

e. Syntaktische Figuren wurden mit Ausnahme einer Hypallage[2]) keine bemerkt.

Der Beachtung wert sind ferner 43 Fälle grammatischer Inversion; hievon zeigen 15 Fälle die Wortfolge des N. S. im H. S., 8 F. die des H. S. im N. S., 6 F. andere Abweichungen von der natürlichen Wortfolge, (meist zu Gunsten des Reimes) 14 F. die Voranstellung des attributiven Genitivus.[3])

Endlich soll hier noch zweier Eigenthümlichkeiten gedacht werden, denen ein mnemotechnischer Wert gewiss zukommt; es sind dies das populäre Fremdwort und der biblische Ursprung. Das erstere ist verhältnismässig selten; es findet sich nur: parêren, (I 28,) regêren, (I **223.**) resenêren, (II **340.**) kaput, (466 Var., und 533,) power. (II 626.) 6 Fälle.

Der biblische Ursprung tritt mehr oder weniger klar hervor in 8 Fällen: I **55,** 274, II 40, 212, 580, 597, 706, 711.

Es erübrigt nun nur noch die Betrachtung der Satzform. Dass auch diese keineswegs etwas für die Erhaltung des Sprichwortes Gleichgiltiges ist, beweist die überwiegende Zahl bestimmter gegenüber der verschwindenden Zahl anderer Arten. Die folgende Uebersicht lehrt, dass hier nicht der einfache Satz, wie man vermuthen möchte, sondern das Satzgefüge obenan steht. Unter 1243 Sätzen sind 424 einfache Sätze,

205 Satzverbindungen,

606 Satzgefüge

und 8, (I 130; II 130, 279, 288, 375,

402, 640, 687,) die eine Art Zwischenstellung zwischen Bei- und Unterordnung einnehmen.

1. Die einfachen Sätze theilen sich in 48 unerweiterte und 376 erweiterte. Unter den letzteren sind nur 28[4]) Sätze, welche denselben Satztheil mehrfach besitzen, ohne dass Zusammenziehung vorläge.

2. Von den Satzverbindungen sind

a. 85 nicht zusammengezogen,

b. 87 zusammengezogen,

c. 33 wegen der Weglassung des Verbum finitum in dieser Hinsicht nicht bestimmbar.[5])

a. Die ersteren bestehen aus 2 Sätzen in 77 Fällen,

aus 3 „ „ 4 „

aus 4 „ „ 2 „

aus 5 „ „ 1 Falle,

aus 7 „ „ 1 „

---

[1]) In II 487 Var., einer Art von Volksräthsel.

[2]) I 853: Groine winschten, wite âstern.

[3]) Ueber die Bedeutung dieser Erscheinungen ist bei der unbekannten Entstehungszeit des Sprichwortes schwer zu urtheilen.

[4]) Fraglich ist II 867 m. Zus.: Sülwest gespunnen, sülwest gewunnen, dat helpet Dem Sinne nach gehört hierher auch II 639 ohne Zus.

[5]) Vgl. I 81: Erst 'ne naese, un denn 'se brille.

· b. Die letzteren bestehen aus 2 Sätzen in 74 Fällen,

aus 3 „ „ 5[1]) „

aus 4 „ „ 1 Falle;

ferner sind 2 von 3 Sätzen zusammengezogen in 3 Fällen,

2 „ 4 „ „ „ 1 Falle,

3 „ 4 „ „ „ 1 „

je 2 und 2 „ 4 „ „ „ 1 „

je 2 und 3 „ 5 „ „ „ 1 „

Der mehrfache Bestandtheil ist bei 2 zus. Sätzen in 23 Fällen das Subject, in 12 F. das Prädicat, in 9 F. das Object, in 8 F. eine adverbiale Bestimmung; die anderen Fälle sind vereinzelt.

c. Von den verkürzten Sp. bestehen 31 aus 2 und 2 aus 3 Sätzen.

3. Von den Satzgefügen bestehen

a. aus 2 Sätzen 508 F.; hievon sind

300 Adverbialsätze,

148 Subjectsätze,

45 Objectsätze,

14 Attributsätze und

1 Prädicatsatz; beziehungsweise

237 Relativsätze u. zw. 130 verallgemeinernde mit wer-der,

58 „ „ wat-dat,

33 „ „ wô-dä, u. ä,

und 16 anderer Art.

224 Conjunctionalsätze u. zw.:

117 temporale und conditionale Sätze (8 mit bet, ehe u. a., die übrigen mit der zwischen temporaler und conditionaler Bedeutung schwankenden Conj. „wenn" eingeleitet);

96 Comparativsätze mit asse, iê, sau, wô, u. a.,

9 Concessivsätze mit un wenn, wenn äk, wenn,

2 Finalsätze mit damêe (I 140) und dat (II 151),

29 Conditionalsätze und 1 Concessivsatz in der Form des fragenden Hauptsatzes,

12 Consecutiv- oder consecutive Relativ-Sätze in der Form des Hauptsatzes, nach negativem Hauptsatze[2]),

3 indirecte Fragesätze, endlich

1 Conjunctiv der indirecten Darstellung ohne Conjunction (im Objectsatze[3]), und

1 Conjunctiv im Conditionalsatze (mit denn) ohne Conjunction nach negativem Hauptsatze.[4])

b. Aus 3 Sätzen u. zw. aus 1 Hauptsatz und 2 Nebensätzen bestehen 33 Fälle; die Nebensätze sind in 17 F. coordiniert und vollständig, in 8 F. zusammengezogen, in 5 F. einander untergeordnet, in 3 F. ist einer derselben mit dem Hauptsatze verschränkt.

Aus zwei Hauptsätzen und 1 Nebensatz bestehen 27 F. u. zw. sind in 18 Fällen die H. S. coordiniert und selbständig, in 7 F. zusammen-

---

[1]) I 294 mit volksthümlicher, regelwidriger Zusammenziehung und Verschränkung: Wêr wöschet häsen un fässe, un sint doch reine

[2]) Vgl. I 138: Et is kein klûn sau lang, et is en enne anne.

[3]) II 64: De minsche meint jümmer, hei keime nich bet an sin ende.

[4]) I 70: Man stöct keinen kindern öwen, man het er (denn) sülwest hinder eseten.

gezogen, in 1 F. ist ein H. S. mit dem N. S., in 1 F. ausserdem die H. S. untereinander zusammengezogen.

    c. Aus 4 Sätzen bestehen 30 F. u. zw. aus 2 H. S. u. 2 N. S. 22 F.,
                              aus 1 H. S. u. 3 N. S. 6 F.,
                              aus 3 H. S. u. 1 N. S. 2 F.,
    d. Aus 5 Sätzen bestehen 6 F. u. zw. aus 3 H. N. u. 2 N. S. 5 F.,
                              aus 2 H. N. u. 3 N. S. 1 F.
    e. Aus 6 Sätzen bestehen 2 F. u. zw. aus 4 (je 2 und 2 zusgz.) H. S. und 2 N. S. 1 F.,
                              aus 3 (zusgz.) H. S und 3 N. S. 1 F.

In allen diesen aus mehr als 2 Sätzen bestehenden Sprichwörtern sind die einzelnen Arten der Nebensätze so ziemlich in demselben Verhältnisse vertreten, wie in den aus 2 Sätzen bestehenden.

In Bezug auf die Stellung der Nebensätze tritt eine bestimmte Regel nicht hervor; nur die aus 2 H. S. und 2 N. S. bestehenden Spr. zeigen in 16 Fällen die Anordnung N H N H.

Nach diesem Ueberblick über die Verbreitung der einzelnen Eigenthümlichkeiten soll, bevor die wichtigsten Verbindungen unter denselben angeführt werden, eine Deutung der gewonnenen Ziffern versucht werden.

Zunächst ist nicht einzusehen, wieso die sehr verschiedene Zahl z. B. der einzelnen Figuren in der Natur des Spr. selbst als literarischer Gattung begründet sein sollte. So bietet sich als Erklärungsgrund zunächst die mit dem Volkscharakter gegebene verschiedene Neigung der Volkssprache zu gewissen Figuren im allgemeinen. Diese verursacht die verschiedene Zahl derselben auch im Sprichworte. Eine andere Schlussfolgerung fusst auf der bisher stillschweigend gemachten Voraussetzung, dass zwischen der Anwesenheit der Figuren und der Erhaltung der Form des Spr. ein ursächlicher Zusammenhang besteht. Diese Voraussetzung soll daher näher ins Auge gefasst werden.

Die Richtigkeit derselben ergibt sich aus der überwiegenden Anzahl von Spr. mit Figuren. In unserem Falle stehen neben 1126 Fällen mit Figuren nur 117 ohne dieselben. Es sind: I 1, 17, 45, 50, 71, 81, 114, 133, 137, 139, 144, 160, 165, 169, 190, 198, 227, 229, 265, 266, 288, 295, 302, 329, 330, 333, 334, 364, 387, 393, 395, II 5, 7, 33, 37, 39, 42, 49, 51, 57, 65, 71, 79, 85, 101, 102, 105, 107, 111, 137, 139, 144, 148 Var., 151, 163 Var. 2, 172, 190, 214, 219, 221, 223, 228, 229, 231, 242, 265, 279, (das zweite unter dieser Zahl) 288 Var. 2, 300, 321, 322, 330, 346, 346 Var., 361, 370, 371, 383 Var. 1, 384, 386, 386 Var., 389, 390, 391, 399, 400, 408, 409, 414, 421, 426, 428, 433, 441, 448, 493, 496, 504, 516, 529, 534, 536, 567, 572, 601, 609, 618, 628, 629 Var., 633, 639, 657, 675, 698, (das zuletzt angeführte) 708, 716, 717.

Diese Fälle dienen zum Beweise, dass die Erhaltung der Form nicht ausschliesslich von den Figuren bestritten wird, aber nicht, dass diesen die angegebene Bedeutung abgeht. Bei ihrer Beurtheilung ist nicht zu übersehen, dass noch eine — leichter negativ als positiv zu bestimmende — Eigenschaft der Erhaltung eines Satzes günstig sein muss: eine Art Maximum der Einfachheit des Ausdruckes, die jeder, die Festhaltung erschwerenden Zuthat entbehrt. Diese gewissermassen negative Eigenschaft wird zur Vervollständigung der mnemotechnischen Veranlagung des Sprichwortes neben den positiven Ausgestaltungen der Form in Betracht gezogen werden müssen.[1]) Indessen ist die erstere hiebei nicht ohne weiters als Basis der letzteren anzusehen. Wenn z. B. die nichts weniger als einfache Form einer aus 7 Sätzen bestehenden Satzverbindung durch den Endreim und die End-Assonanz zusammengehalten wird, wie in II 693, so haben wir den Fall vor uns, dass ein Mittel der zweiten, positiven Art mit seinem mnemotechnischen Werte den Ausfall der ersteren Eigenschaft decken muss. Wir werden auf diese Möglichkeit im Folgenden zurückkommen.

Ist also die bezeichnete Voraussetzung richtig, so deutet die grössere Zahl der Fälle einer Figur auf einen grösseren mnemotechnischen Wert derselben, nicht nach dem Schlusse von der Wirklichkeit (— der thatsächlichen Erhaltung —) auf die leere Möglichkeit, womit für die im mnemotechnischen Werte gelegene positive, gedächtnisunterstützende Kraft der Figur noch nichts erschlossen wäre, sondern nach folgender Ueberlegung. Bisher wurde in der Verfolgung der gestellten Frage vom Inhalte des Sprichwortes abgesehen. Es ist indessen unerweislich, dass die Beschaffenheit dse Inhaltes auf die Festhaltung der Form durchaus ohne Einfluss ist, und bei den sehr verschiedenen Interessenkreisen, denen dieser Inhalt angehört, ist dies auch durchaus unwahrscheinlich. Lässt man aber diese Annahme fallen, und bringt dazu die oben erwähnte allgemeine, nach der Einfachheit bemessene Eignung der Form in Anschlag, so müssen, je grösser die Zahl der durch eine Figur erhaltenen Fälle is', desto mehr inhaltlich und formell minder günstige Fälle unter dieser Zahl zu denken verstattet sein, beziehungsweise desto geringer ist die Wahrscheinlichkeit, dass die Erhaltung derselben mehr auf Rechnung besonderer inhaltlicher und formeller Eignung, als auf die der Figur zu setzen ist. In der häufigeren Bewältigung minder günstiger Fälle aber liegt die Gewähr grösseren mnemotechnischen Wertes.

Die Einrechnung der gesammten Fälle einer Figur aber stösst auf ein Bedenken. Es kann derselben auf diese Weise eine Bedeutung zugemessen werden, die nicht ihr allein, sondern möglicherweise der häufigen Verbindung mit einer anderen zukommt. So könnte der mnemotechnische Wert der Tautologie durch die Einrechnung aller 14 Fälle gegenüber anderen Figuren zu hoch bemessen werden; denn dieselbe ist bis auf die 2 Fälle II 141 und II 267 Var., in denen das gleiche Glied durch die Verneinung des Gegentheiles gebildet wird, durchwegs mit Wiederholung verbunden, wie dies ja in der Natur der gewöhnlichen Art von Tautologie liegt. Diese 12 Fälle der Verbindung sind also nur als Verbindungen, oder doch jedenfalls nicht für die Tautologie allein in Anschlag zu bringen, deren grössten Bruchtheil sie bilden. Die Bedeutung der in 438 Fällen repräsentierten Wiederholungsfiguren hingegen herabzudrücken sind die 12 Verbindungen mit Tautologie allein nicht imstande. Es müsste somit die durch die Gesammtzahlen gegebene Reihenfolge durch die Abrechnung mindestens der häufigsten Verbindungen richtig gestellt werden. Allein hier liegt wieder die Gefahr ungehöriger Verallgemeinerung nahe; denn es fragt sich, ob die Verhältnisse überall ähnlich liegen wie bei der Tautologie. So scheint doch z. B. die häufige Verbindung des Reimes mit dem Rythmus oder der Wiederholung mit dem Gegensatze[2]) keine Berechtigung zur Herabsetzung des mnemotechnischen Wertes zu geben, den diese Mittel erfahrungsgemäss

---

[1]) Dies wurde in den „Bemerkungen" des vorjährigen Programmes übersehen.
[2]) S. weiter unter Seite 29.

besitzen. Es ist auch an und für sich nicht einzusehen, warum sich unter den Verbindungen der Figuren die Schwäche der einzelnen verbergen sollte. Eine saubere Ausscheidung der Figuren, welche die Abrechnung wünschenswert erscheinen lassen, weiss ich nicht zu bewerkstelligen.

Wenn also ohne Abrechnung der Verbindungen eine Ueberschätzung minderwertiger, durch die Abrechnung aber eine Unterschätzung wertvoller Mittel zu befürchten ist, so dürfte, um der Wahrheit doch wenigstens nahe zu kommen, nur der Ausweg übrig bleiben, das arithmetische Mittel zwischen der um die Verbindungen verminderten und der Gesammtzahl zur Grundlage der Berechnung zu nehmen. Und da in ähnlicher Weise eine feste Grenze zwischen berücksichtigungswerter und belangloser Menge von Verbindungen nur willkürlich gezogen werden könnte, so wird es sich empfehlen, hiebei sämmtliche Verbindungen in Abzug zu bringen.

Darnach ordnen sich die behandelten Eigenthümlichkeiten nach ihrem mnemotechnischen Werte in folgender Weise :

I. Bildlichkeit.

			Gesammt-zahl	Ohne andere Figuren	Mittel
Erfahrungs-gemässer Wortsinn		1. Selbständiger Wert und allgemeine Giltigkeit . . .	290	114	202
		2. Selbstverständliche Giltigkeit .	16	11	13·5
		3. Vergleich	18	2	10
		4. Eingeschränkte Giltigkeit . .	13	3	8
		5. Anekdotisch - geschichtlicher Ursprung	9	3	6
		Summe . .	346	133	**239·5**
Erfahrungs-widriger Wortsinn		1. Personification	72	24	48
		2. Erfahrungswidriger Sinn im allgem.	38	17	27·5
		3. Drastischer Charakter . . .	19	8	13·5
		4. Hyperbel	13	9	11
		5. Fabelanklang	15	5	10
		Summe . .	157	63	**110**
Unbestimmt			156	41	**98·5**
		Gesammt-Summe . .	659	237	**448**

II. Phonetische Figuren.

1. Reim	299	51	175
2. Alliteration	150	11	85
3. Assonanz	64	8	36
4. Onomatopoesie	3	—	1·5
Summe	525	70	297·5

III. Sinnesfiguren
(mit Ausnahme der Bildlichkeit).

1. Gegensatz	272	27	149·5
2. Paradoxon	54	12	33
3. Humoristische Färbung	51	10	30·5
4. Ironie	17	3	10
5. { Tautologie	14	1	7·5
{ Emphase	14	1	7·5
6. Parallelismus des Sinnes	8	—	4
7. Prägnanz	5	2	3·5
8. { Climax	5	—	2·5
{ Litotes	3	2	2·5
[9. Schematisierung]	3	1	2
Summe	446	59	252·5

IV. Wiederholungsfiguren.

1. Wiederholung im allg.	244	32	138
2. Anaphora	107	3	55
3. Epiphora	42	2	22
4. Epanastrophe	28	8	18
5. Paronomasie	12	1	6·5
6. Epanodos	4	—	2
7. Epanalepse	1	—	0·5
Summe	438	46	242

V. Rythmus	153	3	78
VI. Inversion	43	2	22·5

VII. Rhetorische Figuren.

1. Rh. Ausruf	8	—	4
2. Rh. Frage	8	—	4
3. Dialogismus	1	—	0·5
Summe . .	17	—	8·5
VIII. Biblischer Ursprung	8	1	4·5
IX. Fremdwort	6	2	4
X. Syntaktische Figur der Hypallage	1	—	0·5

Nach demselben Gesichtspunkte lassen sich die Satzformen ordnen.

Die oben angegebene Reihenfolge bleibt jedoch bei ähnlicher Rücksichtnahme auf die Seite 15 aufgezählten 117 figurenlosen Fälle in den Hauptgattungen unverändert.

Unter jenen 117 Fällen sind 55 einfache, erweiterte Sätze, 44 Satzgefüge und zw. 10 N.-Sätze mit „wenn" eingeleitet,

10 „ „ „wat" „
9 „ „ „wer" „
6 Comparativ-S.,
2 Rel.-S. mit wô-dâ,
2 Temporalsätze,
1 Concessivsatz,
1 Relativsatz ohne verallgemeinerten Sinn,
1 Consecutivsatz,
1 indirecter Fragesatz,
1 Finalsatz;
11 einfache, nicht erweiterte Sätze,
6 zusammengezogene Sätze (4mal mit mehrfachem Subject,) aus 2
1 Satzverbindung, Sätzen.

Dagegen sind die aus mehr als 2 Sätzen bestehenden Spr. in dieser Gruppe gar nicht vertreten.

Unter diesen Zahlen verdienen besonders die Enden der einzelnen Reihen, sowie der gesammten Reihe,. eine nähere Beachtung. An der Spitze der 1. Reihe und der gedächtnisunterstützenden Eigenschaften überhaupt steht jene Art von Bildlichkeit, bei welcher der Wortsinn des Sprichwortes ein Erfahrungsurtheil von selbständigem Werte und allgemeiner Giltigkeit darstellt. Es stimmt dies sehr wohl zu der Thatsache der gegenseitigen Reproducierbarkeit zwischen Wort- und Bildsinn, vermöge deren die Ausgangspunkte für die Reproduction des Sprichwortes gegenüber den gegentheilig veranlagten Sprichwörtern im allgemeinen um das Doppelte vermehrt erscheinen. Ebenso lässt sich begreifen, dass bei zunehmender Einschränkung der Giltigkeit des Wortsinnes in der Erfahrung, wie sie eben in jener ersten Reihe hervortritt, auch der mnemotechnische Wert der einzelnen Arten erfahrungsgemässer Bildlichkeit abnimmt, weil jene Einschränkung eine Verminderung der Ausgangspunkte für die Reproduction bedeutet. Den Schluss bildet, wie billig, die anekdotische Bildlichkeit, welche durch die Einschränkung jener Giltigkeit auf einen einzigen Fall auch die Grenze der Erfahrungsrichtigkeit darstellt.

Unter den Fällen mit erfahrungswidriger Bildlichkeit, deren Zahl die Hälfte der ersten Art nicht erreicht, nehmen mit bedeutender Ueberzahl die Personificationen den ersten Platz ein. Die Erklärung scheint nahe zu liegen. Ist die Belebung ja doch die dem volksthümlichen, wie dem Denken überhaupt geläufigste und am wenigsten befremdende Form, über das erfahrungsmässig Gegebene hinauszugehen. Es ist auch verständlich, dass die mnemotechnische Kraft dieses Mittels, welche in der Vertrautheit mit dem zugrunde liegenden Processe liegt, über den in den übrigen Fällen vorwiegenden, mehr äusserlichen Reiz der Erfahrungswidrigkeit des Wortsinnes weit hinausgeht. In der Reihenfolge der übrigen Mittel bis zur Hyperbel spiegelt sich in und mit der Abstufung des mnemotechnischen Wertes der Charakter des Volkes ab. Dass der Fabelanklang in unserem Falle auch unter den schwächsten Mitteln erscheint, kann seinen Grund darin haben, dass literarische Fabeln doch nur in beschränktem Umfange neu ins Volk zu dringen Gelegenheit haben, hier also hauptsächlich theils uraltes Fabelgut, theils Analogiebildungen zu Fabelsprichwörtern als vereinzelte Erscheinungen in Betracht kommen.

Immerhin ist zu bedenken, dass bei dieser zweiten Art von Bildlichkeit neben der mangelnden Gegenseitigkeit der Reproduction der Reiz des Verhältnisses zwischen dem erfahrungswidrigen Wort- und dem guten Bildsinne als selbständige Eigenschaft·ins Gewicht fällt. Diese fehlt nun bei der dritten Art der Bildlichkeit, bei welcher zum grössten Theile von einem bestimmten Verhältnisse zur Erfahrung nicht gesprochen werden kann. Sie bildet passend die letzte Gruppe.

In den übrigen Reihen wüsste ich kein Glied, dessen Stellung mir die Erfahrung offen gegen sich zu haben schiene. Eine Erklärung ihrer Anordnung wäre nur durch eine eingehende psychologische Analyse der einzelnen Figuren zu gewinnen.

II. Die Verbindungen zwischen den einzelnen Eigenthümlichkeiten können nur so weit ein Interesse erregen, als eine grössere Zahl gleichartiger Verbindungen auf einen inneren Grund der Verbindung schliessen lässt. Es sollen daher unter den Verbindungen von 2 Figuren nur die mehr als 10 mal, unter jenen von 3 Figuren nur die mehr als 5 mal, unter den übrigen nur die mehr als 2 mal vorkommenden angeführt werden.

Nur die einzelnen Arten der Bildlichkeit sollen nicht durch die Verbindungen mit 2 und mehreren anderen Eigenthümlichkeiten hindurch verfolgt werden, da sich dies nach meinen Zusammenstellungen nicht verlohnt. Wohl aber wird eine Uebersicht über die Vertheilung der einzelnen Figuren auf die oben bezeichneten Hauptgattungen der Bildlichkeit erkennen lassen, dass über der Verbindung von Bildlichkeit mit anderen Figuren überhaupt mehr als blosser Zufall waltet

	Unbildlich	Bildlich				Gesammtzahl		Unbildlich	Bildlich				Gesammtzahl
		Erfahrungsgemässe B.	Erfahrungswidrige B.	Unbestimmt	Zusammen				Erfahrungsgemässe B.	Erfahrungswidrige B.	Unbestimmt	Zusammen	
Gegensatz .	157	54	31	30	115	272	Reim . .	165	54	39	41	134	299
Paradoxon.	38	4	8	4	16	54	Alliteration	68	64	17	10	91	159
Humor. Fbg.	22	24	—	5	29	51	Assonanz .	31	18	8	7	33	64
Ironie . .	15	—	2	—	2	17	Onomato-						
Tautologie.	14	—	—	—	—	14	poesie .	2	—	—	1	1	3
Emphase .	8	3	2	1	6	14							
Parallelismus des Sinnes .	2	5	1	—	6	8	Summe der phonetischen Figuren . .	266	136	64	59	259	525
Prägnanz .	3	2	—	—	2	5							
Climax . .	3	1	—	1	2	5							
Litotes . .	2	1	—	—	1	3	Rythmus .	82	38	11	22	71	153
[Schematisierung] .	3	—	—	—	—	3	Inversion .	22	6	7	8	21	43
Summe der Sinnesfiguren.	267	94	44	41	179	446	Rhet. Ausruf . .	2	4	2	—	6	8
Wiederholung im allg.	142	52	26	24	102	244	Rhet. Frage	2	3	3	—	6	8
Anaphora .	59	38	4	6	48	107	Dialogismus	1	—	—	—	—	1
Epiphora .	23	10	6	3	19	42							
Epanastrophe .	17	7	2	2	11	28	Summe der rhet. Figuren	5	7	5	—	12	17
Paronomasie .	5	3	4	—	7	12							
Epanodos .	2	1	—	1	2	4	Biblischer Ursprung	3	3	—	2	5	8
Epanalepse	1	—	—	—	—	1	Fremdwort	3	3	—	—	3	6
Summe der Wiederholungsfiguren	249	111	42	36	189	438	Hypallage .	—	—	—	1	1	1

Darnach steht der Antheil an den aufgezählten Eigenthümlichkeiten des Ausdruckes keineswegs in geradem Verhältnisse zur Zahl der bildlichen und unbildlichen Fälle; denn die unbildlichen Spr. weisen deren 897, also gegenüber 740 der bildlichen um 157 mehr auf, trotzdem die Zahl der unbildlichen Fälle (584) gegen die der bildlichen (659) um 75 F. zurücksteht. Das ergibt für die unbildlichen 153·5% für die bildlichen nur 112·2% solcher Eigenthümlichkeiten. Desgleichen sind die Antheile der unbildlichen Sprichwörter an den einzelnen Arten von Figuren (mit Ausnahme der rhetorischen) grösser als die Antheile der bildlichen. Denn

$$\text{von den} \left\{ \begin{array}{l} \text{unbildlichen} \\ \text{bildlichen} \end{array} \right\} \text{Spr. haben Sinnesfiguren} \left\{ \begin{array}{l} 45\cdot7\% \\ 27\cdot1\% \end{array} \right\},$$

$$\text{Wiederholungsfiguren} \left\{ \begin{array}{l} 42\cdot6\% \\ 28\cdot6\% \end{array} \right\}, \text{ phonetische F.} \left\{ \begin{array}{l} 45\cdot5\% \\ 39\cdot3\% \end{array} \right\},$$

$$\text{Rythmus} \left\{ \begin{array}{l} 14\cdot04\% \\ 10\cdot7\% \end{array} \right\}, \text{ Inversion} \left\{ \begin{array}{l} 3\cdot7\% \\ 3\cdot1\% \end{array} \right\}$$

Diese Erscheinung darf als eine Bestätigung der oben gewonnenen Ansicht genommen werden, wonach die bildlichen Fälle im allgemeinen eine günstigere mnemotechnische Veranlagung besitzen als die unbildlichen, welche daher der Unterstützung durch Figuren augenscheinlich mehr bedürftig sind.

Bei der Feststellung der Rangordnung unter den Verbindungen sei wieder, wie bei den einzelnen Figuren, das arithmetische Mittel zwischen der Zahl der Verbindungen allein und der Gesammtzahl einschliesslich der Fälle ihres Vorkommens innerhalb anderer Verbindungen zur Grundlage genommen.

Darnach findet sich die Verbindung

	allein:	im ganzen:	im Mittel:
a) Geg. Wied.	24 mal	97 mal	60·5 mal.
Reim Ryth.	20 „	86 „	53 „
Reim Geg.	10 „	68 „	39 „
Reim Wied.	8 „	49 „	28·5 „
Geg. Anaph.	7 „	46 „	26·5 „
Geg. Allit.	4 „	40 „	22 „
Reim Allit.	6 „	32 „	19 „
Reim Invers.	6 „	31 „	18·5 „
Anaph. Ryth.	4 „	32 „	18 „
Geg. Ryth.	1 „	34 „	17·5 „
Allit. Wied.	5 „	22 „	13·5 „
Ryth. Wied.	2 „	24 „	13 „
Geg. Epiph.	2 „	23 „	12·5 „
Allit. Ryth.	2 „	22 „	12 „
Anaph. Reim.	1 „	22 „	11·5 „
Parad. Wied.	3 „	18 „	10·5 „
Ryth. Invers.	0 „	19 „	9·5 „
Parad. Geg.	0 „	18 „	9 „
Anaph. Epiph.	0 „	18 „	9 „
Anaph. Allit.	1 „	17 „	9 „
Asson. Geg.	2 „	16 „	9 „
Asson. Allit.	3 „	15 „	9 „
Asson. Wied.	1 „	14 „	7·5 „
Asson. Ryth.	0 „	14 „	7 „
Geg. hum. F.	3 „	11 „	7 „

	allein :	im ganzen :	im Mittel :
b) Geg. Wied. Reim	9 mal	24 mal	16·5 mal
Reim Ryth. Invers.	4 „	16 „	10 „
Reim Ryth. Geg.	4 „	16 „	10 „
Reim Ryth. Wied.	3 „	16 „	9·5 „
Anaph. Epiph. Geg.	4 „	14 „	9 „
Anaph. Allit. Geg.	3 „	12 „	7·5 „
Wied. Ryth. Geg.	1 „	12 „	6·5 „
Wied. Allit. Geg.	1 „	9 „	5 „
Reim Allit. Geg.	1 „	8 „	4·5 „
Geg. Anaph. Ryth.	1 „	7 „	4 „
Geg. Reim. Invers.	1 „	7 „	4 „
Anaph. Asson. Ryth. . . .	1 „	6 „	3·5 „
c) Invers. Wied. Reim Ryth. . .	5 „	5 „	5 „
Geg. Wied. Reim Ryth. . .	1 „	6 „	3·5 „
Anaph. Ryth. Geg. Asson. . .	1 „	3 „	2 „
Anaph. Ryth. Geg. Allit. . .	1 „	3 „	2 „
Anaph. Ryth. Allit. Parall. . .	0 „	3 „	1·5 „

Bemerkenswert ist die grosse Zahl der Verbindungen zwischen Gegensatz und den einzelnen Arten der Wiederholungs-, sowie der phonetischen Figuren.

Diese vertheilen sich auf die 272 Fälle des Gegensatzes so, dass nur 60 derselben einer derartigen Figur entbehren, 212 Fälle aber oder 77·9% der Gesammtzahl diese Verbindung zeigen. Daraus darf geschlossen werden, dass die Verbindung eines gegensätzlich gegliederten Inhaltes mit einem Gleichen der Form, (sei es nun ein gleiches Wort, oder ein Gleiches am Worte), wie sie dem Wesen der mnemotechnischen Hilfe am besten entspricht, so auch wirklich zu den wertvollsten Formen in dieser Hinsicht gehört. Aehnliches gilt von der in 86 Fällen beobachteten Verbindung von Reim und Rythmus.

Um schliesslich beurtheilen zu können, mit welchem Aufwande von Mitteln die Erhaltung der Form im grossen und ganzen bewerkstelligt wird, mag noch eine Uebersicht über die gesammten Verbindungen folgen.

		unbildliche	bildliche
Sprichwörter, welche	keine der obengenann- 1 2 3 4 5 6	ten Eigenthüm- lichkeiten[1]) der Form an sich tragen, wurden gezählt	117[2]) 186 165 81 29 3 3	237[3]) 220 122 51 21 8 —

---

[1]) Mit Ausnahme der Bildlichkeit.

[2]) Es sind dies die Fälle, deren Erhaltung auf Rechnung der Einfachheit allein gesetzt wurde.

[3]) Es ist dies die Summe derjenigen Fälle, an denen bloss Bildlichkeit bemerkt wurde. Vgl. oben S. 8 ff.

Da die Bildlichkeit selbst als eine solche Eigenthümlichkeit zu rechnen ist, so ergeben sich

Sprichwörter mit
- keiner — 117
- 1 — 423
- 2 — 385
- 3 — der positiven Eigenthümlichkeiten der Form — 203
- 4 — 80
- 5 — 24
- 6 — 11

1243

Zunächst ist wieder der Beachtung wert, dass unter den bildlichen Fällen trotz ihrer grösseren Zahl weniger Verbindungen von 2, 3, 4 und 6 Figuren sind als unter den unbildlichen.

Wird ferner als Minimum des Aufwandes an mnemotechnischen Eigenschaften die Einfachheit des Ausdruckes in dem bezeichneten Sinne oder eine einzige der übrigen Eigenthümlichkeiten angenommen[1]), so steht die Zahl der Fälle, welche dieses Minimum an sich tragen (540), hinter der der übrigen Fälle mit grösserem Aufwande (703) bedeutend zurück.

Es wäre zu wünschen, dass die Ergebnisse solcher Zusammenstellungen zu grösserer Sicherheit gebracht werden könnten, als dies in dem vorliegenden Versuche gelungen ist. Denn durch fortgesetzte Untersuchungen dieser Art dürfte auf inductivem Wege manches Gemeinsame in den Bedingungen erkannt werden, unter welchen die Festhaltung sprachlicher Schöpfungen in einem nicht aussergewöhnlich geschulten Gedächtnisse steht. Die Ergebnisse dieser Art von inductiver Mnemonik würden gewiss sowohl ein schätzbares Material für den Ausbau der Theorie von der Apperception der Vorstellungen liefern, als auch vielleicht in Bezug auf die praktische Ausbildung des Gedächtnisses manchen längst geübten Grundsatz von einer neuen Seite beleuchten.

SAAZ, im Mai 1891.

---

[1]) Dass diese nicht miteinander verbunden zu sein brauchen, wurde schon bemerkt.

Schulnachrichten.

I. Personalstand des Lehrkörpers und Lehrfächer-Vertheilung.

a) Bewegung im Lehrkörper.

Es schied aus:	Es traten ein:
Dr. A. Bärwald, Rabbiner der isr. Cultusgemeinde Saaz, Hilfslehrer für mosaische Religion, welcher am 3. Jänner 1891 starb.	Dr. G. Deutsch, Rabbiner der isr. Cultusgemeinde Brüx

und

Jos. Koch, Cantor der isr. Cultusgemeinde Saaz, welche mit Genehmigung des h. k. k. L.-Sch.-R. vom 9. Feber 1891, Z. 2712, seit 19. Jänner 1891 den Unterricht in der mosaischen Religion besorgten.

b) Beurlaubungen.

Professor Josef Blasig, während des ganzen Schuljahres 1890—91, wegen Krankheit.

Hilfslehrer Rabbiner Dr. A. Bärwald, vom 8. October bis 30. November 1890, wegen Krankheit.

Professor Hermann Weisser, am 27. September 1890, } in Privatangelegenheiten.
Professor Franz Tanuchyna, am 16. und 17. Jänner 1891, }

c) Stand am Schlusse des Schuljahres.

ZAHL	NAMEN	LEHRGEGENSTÄNDE, CLASSEN UND STUNDEN	wöchentl. Lehrst.	ANMERKUNGEN
1.	Josef Hollub, k. k. Director.	Latein VIII. (5). Deutsch IV. (3).	8	Custos der Lehrerbibliothek, Verwalter der Schülerlade.
2.	Josef Loos, k. k. Professor, VIII. Rangsclasse.	Geographie und Geschichte III. (3), IV. (4), V. (3), VI. (4), VIII. (3).	17	Classenvorstand der VI., Mitverwalter der Schülerlade.
3.	Franz Tamchyna, k. k. Professor, VIII. Rangsclasse.	Mathematik V. (4), VI. (3), VII. (3), VIII. (2), Physik VII. (3), VIII. (3).	18	Classenvorstand der VIII. Custos der Lehrmittel für Physik.
4.	Franz Mach, Weltpriester, k. k. Professor, VIII. Rangsclasse	Kath. Religion in allen 8 Classen in je 2 wöchentl. Stunden, Logik VII. (2).	18	Exhortator des Obergymnasiums.
5.	Hermann Weisser, k. k. Professor.	Latein I. (8), Deutsch I. (4). Griechisch V. (5).	17	Classenvorstand der I., Conservator der k. k. Centralcommission für Kunst- und historische Denkmale.
6.	Johann Girlinger, k. k. Professor.	Latein III. (6). Griechisch III. (5), VIII. (5).	16	Classenvorstand der III. Custos der Schülerbibliothek für I.—IV. Classe.
7.	Johann Lipp, k. k. Professor.	Latein IV. (6), VI. (6). Griechisch IV. (4). Französische Sprache 1. und 2. Abth. 8 Stunden.	16 / 8	Classenvorstand der IV. Seit 1. April 1891 Nebenlehrer der französischen Sprache.
8.	Johann Lang, k. k. Professor.	Deutsch V.—VIII. (je 3 Std.) Geographie und Geschichte II. (4), VII. (3). Kalligraphie I. (1), II (1).	19 / 2	Classenvorstand der VII. Custos der Schülerbibliothek für V.—VIII. Classe. Nebenlehrer für Kalligraphie.
9.	Josef Merten, k. k. Professor.	Mathematik I. (3), IV. (3), Geographie I. (3), Psychologie VIII. (2), Böhmische Sprache, 4 Abtheilungen à 2 Stunden, Französische Sprache 1. und 2. Abtheilung, 8 Stunden, Stenographie 2 St.	11 / 13	Nebenlehrer für böhmische Sprache; bis 24. März 1891 auch für französische Sprache und Stenographie.
10.	Josef Blasig, k. k. Professor.			Im Schuljahre 1890—91 wegen Krankheit beurlaubt.

ZAHL	NAMEN	LEHRGEGENSTÄNDE, CLASSEN UND STUNDEN	wöchentl. Lehrst.	ANMERKUNGEN
11.	Josef Rott, k. k. Gymn.-Lehrer.	Latein V. (6), VII. (5), Griechisch VII. (4), Deutsch III. (8).	18	Classenvorstand der V.
12.	Josef Schiepek, k. k. Gymn.-Lehrer.	Latein II. (8), Griechisch VI. (5), Deutsch IL (4).	17	Classenvorstand der II.
13.	Georg Bruder, suppl. k. k. Gymn.-Lehrer.	Naturgeschichte I. (2), II. (2), III. 1. Sem. (2), V. (2), VI. (2), Mathematik III. (3), IV. (3), Physik III. 2. Sem. (2), IV.(3).	19	Custos der Lehrmittel für Naturgeschichte.
14.	Dr. Gotthard Deutsch, Hilfslehrer.	Mosaische Religion in der 3. und 4. Abth. (Schüler der 4 oberen Classen).	4	Rabbiner der isr. Cultusgemeinde in Brüx, seit 20. Jänner 1891 substituierender Lehrer der mosaischen Religion.
15.	Josef Koch, Hilfslehrer.	Mosaische Religion in der 1. und 2. Abth. (Schüler der 4 unteren Classen).	4	Cantor der isr. Cultusgemeinde in Saaz, seit 19. Jänner 1891 substituierender Lehrer der mosaischen Religion.
16.	Josef Ott, Nebenlehrer.	Freihandzeichnen, 3 Abtheilungen à 2 Stunden.	6	Lehrer an der Saazer Bürgerschule.
17.	Wenzel Hahnl, Nebenlehrer.	Gesang, 2 Abtheilungen	3	Lehrer an der Saazer Volksschule.
18.	Johann Schirmer, Nebenlehrer.	Turnen, 3 Abtheilungen à 2 Stunden.	6	Lehrer an der Saazer Volksschule.

Als Exhortatoren der katholischen Schüler des Untergymnasiums fungierten vom 16. September bis 31. December 1890 der Stadtkaplan in Saaz, Chorherr des Prämonstratenser-Stiftes Strahov, P. Ambros Koťínek, seit 1. Jänner 1891 der prov. Katechet an der Saazer Volks- und Bürgerschule, Weltpriester Josef Houchal. (Jahresremuneration 157 fl. 50 kr. ö. W.)

II. Lehrverfassung. (Obligate Gegenstände.)

I. Classe. Classenvorstand: Herm. Weisser.

Religion: 2 St. Katholische Glaubens- und Sittenlehre . . . . . Mach.
Latein: 8 St. Formenlehre der wichtigsten regelmässigen Flexionen, eingeübt in beiderseitigen Uebersetzungen aus dem Lese- und Uebungsbuche, unter genauer Beachtung von Accent und Quantität. Memo-

rieren von Vocabeln. Vom December 1890 an wöchentlich eine schriftliche Schularbeit. Hausarbeiten nach Vorschrift. . . . Weisser.

Deutsch: 4 St. Formenlehre im Anschluss an den Lateinunterricht. Der einfache Satz; Elemente des zusammengezogenen und des zusammengesetzten Satzes. Lectüre aus dem Lesebuche. Memorieren und Vortragen erklärter Lesestücke. Schriftliche Arbeiten: Im 1. Semester: Anfangs wöchentlich eine orthographische Uebung, später abwechselnd Dictando und Schulaufsatz. Im 2. Semester: Jede zweite Woche eine orthographische Uebung; Aufsätze: monatlich zwei, abwechselnd Schul- und Hausarbeiten . . . . Weisser.

Geographie: 3 St. Elemente der allgemeinen und der politischen Geographie. Aus der mathematischen Geographie die zum Verständnisse der Karte unentbehrlichen Elemente. Uebung im Kartenlesen und im Entwerfen einfachster Kartenbilder . . . . Merten.

Mathematik: 3 St. (abwechselnd 1 St. Arithmetik, 1 St. Geometrie.) Arithmetik: Die vier Species in ganzen Zahlen und Decimalbrüchen; Theilbarkeit der Zahlen; grösstes Mass und kleinstes Vielfaches mehrerer Zahlen. Gemeine Brüche. Rechnen mit benannten Zahlen. Geometrische Anschauungslehre: Gerade, Kreis, Winkel, Parallelen; das Dreieck (mit Ausschluss der Congruenzsätze); fundamentale Constructionsaufgaben. Schriftliche Arbeiten: Monatlich zwei Hausaufgaben und eine Schularbeit; kleine Uebungsaufgaben von Stunde zu Stunde . . . . Merten.

Naturgeschichte: 2 St. (Anschauungsunterricht.) Thierreich. 1. Semester: Säugethiere. 2. Semester: Gliederthiere, mit Bevorzugung der Insecten . . . . Bruder.

II. Classe. Classenvorstand: Jos. Schiepek.

Religion: 2 St. Katholische Liturgik . . . . Mach.

Latein: 8 St. Die wichtigsten Unregelmässigkeiten der Nomina; die unregelmässigen Perfecta und Supina; Verba anomala und defectiva. Das Wichtigste vom Gebrauch der Präpositionen und Coniunctionen. Accusativus und nominativus cum infinitivo. Gerundium, Gerundivum, Participialconstruction, nach dem Lese- und Uebungsbuche. Memorieren von Vocabeln und Phrasen. Nach genügender Vorübung: Präparation auf die Abschnitte des Lese- und Uebungsbuches. Schriftliche Arbeiten: Monatlich drei Schularbeiten und eine Hausarbeit . . . . Schiepek.

Deutsch: 4 St. Der zusammengezogene und der zusammengesetzte Satz. Verkürzung der Nebensätze. Wiederholung der Interpunctionslehre. Lectüre nach dem Lesebuche. Memorieren und Vortragen erklärter Lesestücke. Schriftliche Arbeiten: Orthographische Uebungen. Aufsätze: monatlich drei, abwechselnd Haus- und Schularbeiten Schiepek.

Geographie und Geschichte: 4 St. Geographie: 2 St. Fortsetzung der Elemente der mathematischen Geographie, specielle Geographie von Asien und Afrika. Horizontale und verticale Gliederung von Europa; specielle Geographie von Süd- und West-Europa. Uebungen im Kartenzeichnen. Geschichte: 2 St. Uebersicht der Geschichte des Alterthums . . . . Lang.

Mathematik: 3 St. (abwechselnd 1 St. Arithmetik, 1 St. Geometrie). Arithmetik: Wiederholung der Bruchrechnung; abgekürzte Multiplication und Division. Proportionen. Einfache Regeldetri, mit Anwendung der Proportionen und der Schlussrechnung. Procent- und Zinsrechnung. Das Wichtigste über Münzen, Masse und Gewichte. Geometrische Anschauungslehre: Congruenz der Dreiecke, mit Anwendungen. Wichtigste Eigenschaften des Kreises, der Vier- und Vielecke. Schriftliche Arbeiten: wie in der I. Classe . . Bruder.

Naturgeschichte: 2 St. (Anschauungsunterricht) 1. Semester: Thierreich und zw.: Vögel, Reptilien, Amphibien und Fische in passender Auswahl. 2. Semester: Pflanzenreich. Beobachtung und Beschreibung einer Anzahl Pflanzenarten verschiedener Ordnungen; einige Sporenpflanzen . . . . Bruder.

III. Classe. Classenvorstand: Joh. Girlinger.

Religion: 2 St. Geschichte der Offenbarung des alten Bundes . Mach.

Latein: 6 St. Grammatik: 3 St. Congruenz- und Casuslehre, eingeübt an zahlreichen Beispielen. Lectüre: 3 St. Nach Schmidt und Gehlen: Memorabilia Alexandri Magni et aliorum virorum illustrium: Miltiades, Themistocles, Aristides, Thrasybulus, Epaminondas, Pelopidas, Agesilaus. Memorabilia Alexandri Magni: I., IV., VI., IX., XIV. Schriftliche Arbeiten: Alle 14 Tage eine Schularbeit, alle 3 Wochen eine Hausarbeit . . . . Girlinger.

Griechisch: 5 St. Regelmässige Formenlehre mit Ausschluss der Verba in μι, eingeübt nach dem Uebungsbuche. Memorieren der Vocabeln. Schriftliche Arbeiten: Von der 2. Hälfte des 1. Semesters an alle 14 Tage eine schriftliche Arbeit, abwechselnd Schul- und Hausarbeiten . . . . Girlinger.

Deutsch: 3 St. Grammatik: 1 St. Systematischer Unterricht in der Formenlehre. Lectüre (2 St.) nach dem Lesebuche, mit Erklärungen und Anmerkungen. Memorieren und Vortragen erklärter Lesestücke. Aufsätze: zwei im Monate, abwechselnd Haus- und Schularbeiten Rott.

Geographie und Geschichte: 3 St. (abwechselnd Geographie und Geschichte.) Geographie: Uebersichtliche Zusammenfassung des Wichtigsten und Einfachsten aus der mathematischen Geographie. Mittel-, Nord- und Ost-Europa (mit Ausschluss Oesterreich-Ungarns); Amerika; Australien. Geschichte: Uebersicht der wichtigsten Personen und Begebenheiten aus der Geschichte des Mittelalters, unter Hervorhebung der Hauptereignisse der österr.-ungarischen Monarchie . . . Loos.

Mathematik: 3. St. (abwechselnd 1 St. Arithmetik, 1 St. Geometrie). Arithmetik: Das abgekürzte Rechnen mit unvollständigen Decimalzahlen. Die vier Grundoperationen in ganzen und gebrochenen allgemeinen Zahlen. Quadrieren und Ausziehen der Quadratwurzel. Cubieren und Ausziehen der Cubikwurzel (unter Anwendung der abgekürzten Multiplication). Geometrische Anschauungslehre: Längen- und Flächenmessung. Verwandlung und Theilung der Figuren (einfache Fälle). Lehrsätze über Flächengleichheit im rechtwinkeligen Dreieck (mit Anwendungen); Aehnlichkeit (das Wichtigste). Construction und Beschreibung der Ellipse, der Parabel, der Hyperbel. — Schriftliche Arbeiten: wie in der I. Classe . . . . Bruder.

Naturgeschichte: 1. Semester 2 St. (Anschauungsunterricht.) Mineralreich. Beobachtung und Beschreibung einer Anzahl der wichtigsten und ver-

breitetsten Mineralarten. Vorweisung und Besprechung der wichtigsten
Gesteinsformen . . . . Bruder.

Physik: 2. Sem 2 St. (Experimental-Physik.) Allgemeine und besondere
Eigenschaften der Körper. Wärmelehre. Chem. Grundbegriffe. Bruder.

IV. Classe. Classenvorstand: Jos. Lipp.

Religion: 2 St. Geschichte der Offenbarung des neuen Bundes. Mach.

Latein: 6 St. Grammatik: 3 St. Wichtigste Eigenthümlichkeiten im
Gebrauch der Nomina und Pronomina; Tempora und Modi mit Con-
iunctionen; Participia, geübt an zahlreichen Beispielen. Der Hexa-
meter, das elegische Distichon. Lectüre (3 St.) Caesar: bell. gall.
I. IV. VI. 9—29. VII. 1—32. Ovidius: Metam. I. 89—312. Fast.
II. 83—118. (Nach Sedlmayer: Ex Metam. delectu: Nr. 2, 3, 4. Ex
Fastis Nr. 3.) Schriftliche Arbeiten: Alle drei Wochen eine
Hausarbeit, alle 14 Tage eine Schularbeit . . . . Lipp.

Griechisch: 4 St. Wiederholung der Formenlehre der Verba auf ω; Verba
in μι, bis zum Schluss der Formenlehre; das Wichtigste aus der Syn-
tax, alles eingeübt nach dem Uebungsbuche. Memorieren der Vocabeln.
Schriftliche Arbeiten: Alle 14 Tage eine schriftliche Arbeit, abwechselnd Schul- und Hausarbeiten . . . . Lipp.

Deutsch: 3 St. Grammatik: 1 St. Systematischer Unterricht in der Syn-
tax. Grundzüge der Metrik. Lectüre: (2 St.) nach dem Lesebuche,
mit Erklärungen und Anmerkungen. Memorieren und Vortragen erklärter Lesestücke. Aufsätze wie in der III. Classe . . Director.

Geographie und Geschichte: 4 St. 1. Sem. Geschichte der Neuzeit (in
übersichtlicher Darstellung) mit besonderer Rücksicht auf Oesterreich-
Ungarn. 2 Sem.: Specielle Geographie der österr.-ungarischen Monarchie nach den Hauptpunkten ihres gegenwärtigen Zustandes im Hin-
blick auf die wichtigsten Thatsachen ihrer Geschichte, unter Hervorhebung des engeren Heimatlandes . . . . Loos.

Mathematik: 3 St. (abwechselnd 1 St. Arithmetik, 1 St. Geometrie).
Arithmetik: Gleichungen des 1. Grades mit einer und mehreren Unbekannten. Zusammengesetzte Regeldetri. Theilregel, Kettensatz, Zin-
seszinsenrechnung. Geometrie: Stereometrische Anschauungslehre.
Schriftliche Arbeiten: wie in der I. Classe . . . . . Merten.

Physik: 3 St. (Experimental-Physik.) Mechanik, Magnetismus, Elektricität,
Akustik, Optik, strahlende Wärme . . . . Bruder.

V. Classe. Classenvorstand: Jos. Rott.

Religion: 2 St. Katholische Apologetik . . . . Mach.

Latein: 6 St. Lectüre: (5 St.) Livius: I. XXI. 1—37. Ovidius:
Metam I. 163—415; II. 760—801; V. 385—437; 462—571; VI.
146—312; VIII. 183—235; 618—720; XV. 746—870; Fast: III. 167
bis 230; 713, 714, 725—790; 809—834; IV. 393—416; 721—770;
773—782; VI. 101, 102, 169—182; Trist.: I. 7. III. 10. 1—72, 75—78.
(Nach Sedlmayer: Ovidi carm. sel.: ex Metam. delectu: Nr. 2, 3, 5,
10, 11, 13, 17, 19, 36; ex libris Fast: Nr. 9, 11, 12, 13, 14, 17; ex
libris Trist.: Nr. 2, 3; Grammatisch-stilistische Uebungen:
1 St. Schriftliche Arbeiten: alle vier Wochen je eine Haus-
und Schularbeit . . . . Rott.

Griechisch: 5 St. Lectüre: (4 St.) Xenophon (nach Schenkl's Chrestomathie) Anabasis: Nr. I. II. III. V. VI. Homer: Ilias I. Grammatik: 1 St. Schriftliche Arbeiten: Alle vier Wochen eine
Schularbeit . . . . Weisser.

Deutsch: 3 St. Grammatik: Wortbildung, Lehnwörter, Fremdwörter,
Volksetymologie. Lectüre (nach dem Lesebuche): Musterstücke der
einzelnen Dichtungsarten. Inhaltsangabe des Nibelungenliedes und der
Gudrun. Aus Goethe's „Reineke Fuchs", aus Klopstock's „Messias",
aus Wieland's „Oberon". Die wichtigsten Prosastücke. Memorieren
und Vortragen der vorgeschriebenen Gedichte. Schriftliche Aufsätze: Monatlich zwei, abwechselnd Haus- und Schularbeiten Lang.

Geschichte und Geographie: 3 St. Geschichte des Alterthums, vor-
nehmlich der Griechen und Römer bis zur Unterwerfung Italiens, mit
Hervorhebung der culturhistorischen Momente und unter fortwährender
Berücksichtigung der Geographie . . . . Loos.

Mathematik: 4 St. Arithmetik: 2 St. Wissenschaftlich durchgeführte
Lehre von den vier ersten Rechenoperationen. Von Zahlensystemen
überhaupt und vom dekadischen insbesondere. Grundlehren der Theilbarkeit der Zahlen. Theorie des grössten gemeinschaftlichen Masses und
des kleinsten gemeinschaftlichen Vielfachen, angewendet auch auf Poly-
nome. Lehre von den Brüchen. Lehre von den Verhältnissen und
Proportionen, nebst Anwendungen. Lehre von den Gleichungen des
1. Grades mit einer und mit mehreren Unbekannten, nebst Anwendung
auf praktisch wichtige Aufgaben. Geometrie: 2 St. Planimetrie in
wissenschaftlicher Begründung. Schriftliche Arbeiten: Monatlich
zwei Hausarbeiten und eine Schularbeit . . . . . . Tamchyna.

Naturgeschichte: 2 St. (Systematischer Unterricht.) 1. Sem.: Mineralogie.
2. Sem.: Botanik . . . . Bruder.

VI. Classe. Classenvorstand: Jos. Loos.

Religion: 2 St. Katholische Dogmatik . . . . Mach.

Latein: 6 St. Lectüre (5 St.): Sallustius: Jugurtha. Cicero: in
Catil. I. Caesar: bell. civ. I. 6 - 40, 56—58; II. 1—22. Rest als Privatlectüre. Vergilius: Eclog. I. Georg: II. 136—176. (Laudes Italiae.)
II. 458 - 540. (Laudes vitae rusticae.) Aeneis I. Grammatisch-
stilistische Uebungen: 1 St. Schriftliche Arbeiten: Alle
vier Wochen je eine Haus- und Schularbeit . . . . . Lipp.

Griechisch: 5 St. Lectüre (4 St.): Homer: Ilias VI. VII. X. XVI
XVIII. XXIV. Herodot: (nach Hintner: Herodot's Perserkriege)
Nr. 1—15. 21. 25—29. Xenophon: (nach Schenkl's Chrestomathie).
Memorab. I. II. III. (Als Privatlectüre: IV.). Grammatik: 1 St.
Schriftliche Arbeiten: alle vier Wochen eine Haus- oder Schul-
arbeit . . . . Schiepek.

Deutsch: 3 St. Grammatik: Genealogie der germanischen Sprachen.
Lautverschiebung, Vocalwandel (Umlaut, Brechung, Ablaut). Literaturgeschichte: Grundriss derselben, bis zu den Stürmern. Lectüre: Das im Lesebuch Enthaltene aus dem Nibelungenliede
und Lieder Walthers von der Vogelweide (im Urtexte). Einige
Stücke von Hans Sachs. Die Alpen, von Haller. Klopstock:
aus den „Oden". Kleist: Der Frühling. Lessing: Aus den „Brie-

fen, die neueste Literatur betreffend", aus der „Hamburgischen Dramaturgie", aus den „Fabeln", aus den „Briefen". „Minna von Barnhelm". Goethe: aus „Dichtung und Wahrheit". Memorieren einiger Klopstock'scher Oden. Schriftliche Aufsätze: Alle drei Wochen abwechselnd eine Haus- und eine Schularbeit . . . . . . Lang.

Geschichte und Geographie: 4 St. Abschluss der römischen Geschichte und zwar von der Ausbreitung der Herrschaft Roms über die Grenzen Italiens hinaus bis zum Untergang des weströmischen Reiches. Geschichte des Mittelalters: Eingehende Behandlung der Geschichte des Papstthums und des Kaiserthums; universalhistorisch wichtige Begebenheiten der Territorialgeschichte; stete Berücksichtigung der Culturgeschichte und der Geographie . . . . Loos.

Mathematik: 3 St. (abwechselnd 1 St. Arithmetik, 1 St. Geometrie). Arithmetik: Potenzen, Wurzeln, Logarithmen. Quadratische Gleichungen mit einer Unbekannten und ihre Anwendung auf die Geometrie. Geometrie: Stereometrie und ebene Trigonometrie. Schriftliche Arbeiten: Monatlich 2 Hausarbeiten und eine Schularbeit Tamchyna.

Naturgeschichte: 2 St. (Systematischer Unterricht.) Zoologie, unter Voranschickung des Nothwendigsten über den menschlichen Körper und dessen Organe und Bemerkungen über Gesundheitspflege . Bruder.

VII. Classe.. Classenvorstand: Joh. Lang.

Religion: 2. St. Katholische Moral . . . . Mach.

Latein: 5 St. Lectüre (4 St.): Cicero: pro Sexto Roscio Amerino. Philipp. II. Laelius. Vergilius: Aeneis: II., IV. (privatim), VI. Grammatisch-stilistische Uebungen: 1 St. Schriftliche Arbeiten: Alle vier Wochen eine Haus- und eine Schularbeit . . . . Rott.

Griechisch: 4 St. Lectüre (3 St.). Demosthenes: Erste Rede gegen Philippos. Rede über die Angelegenheiten im Chersones. Dritte Rede gegen Philippos. Homer: Odyssee. I. 1—85. V. VI. VII. VIII. XIII. XIV. Grammatik: 1 St. Schriftliche Arbeiten: Alle vier Wochen eine Haus- oder Schularbeit. . . . . Rott.

Deutsch: 3 St. Literaturgeschichte bis zu Schiller's Tod. Lectüre (nach dem Lesebuche): Herder: aus den „Gedichten", aus den „Volksliedern", aus den „Legenden", aus den Fragmenten „Ueber die neuere deutsche Literatur", aus den Fliegenden Blättern „Von deutscher Art und Kunst", aus der Abhandlung „Vom Geist der ebräischen Poesie", aus den „Ideen zur Geschichte der Menschheit". Einzelnes vom Göttinger Dichterbunde: Von Goethe: Aus „Wahrheit und Dichtung", aus den „Briefen aus der Schweiz", aus den „Liedern", „Balladen", aus den „Maskenzügen", aus den Gedichten „Antiker Form sich nähernd", aus „Kunst". der Wanderer; aus den „Vermischten Gedichten", aus den Briefen; aus der „Italienischen Reise"; „Iphigenie auf Tauris". Von Schiller: Aus den Gedichten der 1. und 2. Periode. Aus „Was heisst und zu welchem Ende studiert man Universalgeschichte?" „Wallenstein" (nach der Schulausgabe). Memorieren einiger Gedichte Goethe's und des Schiller'schen Gedichtes: „Das Eleusische Fest". Redeübungen. Schriftliche Aufsätze: Alle drei Wochen abwechselnd eine Haus- und eine Schularbeit . . . . Lang.

Geschichte und Geographie: 3 St. Geschichte der Neuzeit mit Berücksichtigung der inneren Entwicklung Europas und der Geographie . Lang.

Mathematik: 3 St. (abwechselnd 1 St. Arithmetik, 1 St. Geometrie.) Arith metik: Quadratische Gleichungen mit zwei Unbekannten und solche höhere Gleichungen, welche sich auf quadratische zurückführen lassen; Progressionen; Zinseszinsen- und Rentenrechnung; Kettenbrüche; Dio phantische Gleichungen des 1. Grades; Combinationslehre; binomischer Lehrsatz; Elemente der Wahrscheinlichkeitsrechnung. Geometrie: Wiederholung der Trigonometrie; goniometrische Gleichungen. Elemente der analytischen Geometrie in der Ebene. Kegelschnittslinien. Schriftliche Arbeiten: Monatlich 2 Hausaufgaben und eine Schularbeit. . . . . Tamchyna.

Physik. 3 St. Allgemeine Eigenschaften der Körper. Mechanik. Wärmelehre. Chemie. . . . . Tamchyna.

Philosophische Propädeutik: 2 St. Logik . . . . Mach.

VIII. Classe. Classenvorstand: Fr. Tamchyna.

Religion: 2 St. Geschichte der christlichen Kirche . . . . Mach.

Latein: 5 St. Lectüre (4 St.): Tacitus: Germania 1—27. Annal. I 1—54. Horatius: Carm. I. 1. 2. 3. 7. 11. 14. 20. 22. 24. 31. 37. 38. II. 3. 7. 9. 10. 14. 15. 17. 18 III. 1. 2. 3 8. 29. 30. IV. 3. 5. 9. Epod. 2. Sat. I. 1. Epist. I. 2. Grammatisch - stilistische Uebungen: 1 St. Schriftliche Arbeiten: Alle vier Wochen eine Haus- und eine Schularbeit. . . . . Director.

Griechisch: 5 St. Lectüre (4 St.): Platon: Apologie, Kriton, Schlusscapitel aus Phaidon. Sophokles: König Oidipus. Homer: Odyssee XIII. Grammatik: 1 St. Schriftliche Arbeiten: Alle vier Wochen eine Haus- oder Schularbeit . . . . Girlinger.

Deutsch: 3 St. Literaturgeschichte: bis zu Goethe's Tod. Lectüre (nach dem Lesebuche): Aus Goethe's vierter Dichterperiode. Romantiker. Dichter der Befreiungskriege. Der schwäbische Dichterkreis. Chamisso. Rückert. Platen. Die österreichischen Dichter. (Nach den Schulausgaben): Goethe: Hermann und Dorothea. Lessing: Laokoon. Schiller: Die Glocke. Die Jungfrau von Orleans. Memoriert und vorgetragen wurde Schiller's „Glocke". Redeübungen. Schriftliche Aufsätze: Alle drei Wochen abwechselnd eine Haus- und eine Schularbeit. . . . . Lang.

Geschichte und Geographie: 3 St. 1. Sem. Geschichte der österr.-ungar. Monarchie. 2. Sem. (2 St.): österr.-ungar. Vaterlandskunde. (1 St.). Wiederholung der Hauptmomente der griechischen und römischen Geschichte . . . . Loos.

Mathematik: 2 St. Wiederholung der Elementarmathematik, vornehmlich in praktischer Weise durch Lösung von Uebungsaufgaben. Schriftliche Arbeiten: Monatlich eine Schularbeit . . . . . Tamchyna.

Physik: 3 St. Magnetismus. Elektricität. Wellenlehre. Akustik. Optik. Elemente der Astronomie . . . . Tamchyna.

Philosophische Propädeutik: 2 St. Empirische Psychologie . Merten.

Lehrplan für den Unterricht in der mosaischen Religion (wöchentlich 8 Stunden).

A. Hebräische Sprache und Lectüre:
1. Abth. (Schüler der 1. und 2. Classe), wöchentlich 1 St. Regeln über Schewa; erste Coniugation des regelmässigen Zeitwortes. Schriftliche Aufgaben. Lectüre: Exod. 12—20.
2. Abth. (Schüler der 3. und 4. Classe), wöchentlich 1 St. Wiederholung des Pensums der 1. Abtheilung. Die 2. Coniugation des regelmässigen Zeitwortes. Schriftliche Aufgaben. Lectüre: Deut. 1—7.
3. Abth. (Schüler der 5. und 6. Classe), wöchentlich 1 St. Lectüre: Ausgewählte Capitel aus den in der Liturgie verwendeten Psalmen.
4. Abth. (Schüler der 7. und 8. Classe), wöchentlich 1 St. Lectüre: Ausgewählte Stücke aus Jesaias, Ezechiel, Chaggai und Sacharjah.

B. Biblische Geschichte. Jüdische Geschichte und Literatur.
1. Abth. (Schüler der 1. und 2. Classe), wöchentlich 1 St. Von Josua bis David.
2. Abth. (Schüler der 3. und 4. Classe), wöchentlich 1 St. Von Absalons Empörung bis zur Geschichte des Reiches Juda.
3. Abth. (Schüler der 5. und 6. Classe), wöchentlich 1 St. Die nachexilische Geschichte. Der makkabäische Staat bis zum Untergange Jerusalems.
4. Abth. (Schüler der 7. und 8. Classe), wöchentlich 1 St. Geschichte der Juden vom 16. Jahrhundert bis auf Mendelssohn.

(Anmerkung: Jahresremuneration des Hilfslehrers für mosaische Religion: 50 fl. für je eine wöchentliche Unterrichtsstunde.)

III. Lehrbücher (im Schuljahre 1890—91).

Lehrgegenstand	Classe (Abtheil.)	VERFASSER UND TITEL DER BÜCHER
Kath. Religion	I.	Fr. Mach: kurzgefasstes Lehrbuch der kath. Religion für die unteren Classen der Gymnasien. 2. Aufl. Wien 1889.
	II.	„ kath. Liturgik. Wien 1885.
	III.	„ Geschichte der Offenbarung des alten Bundes. Wien 1885.
	IV.	„ Geschichte der Offenbarung des neuen Bundes. Wien 1885.
	V.—VII.	„ Lehrbuch der kath. Religion für die oberen Classen der Gymnasien.
	V.	1. Theil: Apologetik. 2. Ausgabe. Wien 1885.
	VI.	2. Theil: kath. Dogmatik. Wien 1881.
	VII.	3. Theil: kath. Moral. Wien 1885.
	VIII.	„ Grundriss der Kirchengeschichte. 2. Auflage Wien 1885.
Mosaische Religion	I.—IV. Abth.	M. A. Levy: hebräische Elementargrammatik.
	I.—II. Abth.	„ biblische Geschichte.
		Kiepert: Karte von Palästina.
	II.—IV. Abth.	Dr. D. Cassel: Leitfaden für den Unterricht in der jüdischen Geschichte und Literatur

Lehrgegenstand	Classe Abtheil.	VERFASSER UND TITEL DER BÜCHER
Lateinische Sprache	I. II.	Dr. A. Scheindler: lat. Schulgrammatik für die österr. Gymnasien. Prag 1889.
	III.—VIII.	K. Schmidt: lat. Schulgrammatik. 6 (in VIII. 5.) Aufl.
	I. II.	J. Steiner und Dr. A. Scheindler: Lateinisches Lese- und Uebungsbuch;
		für die 1. Classe. Prag 1889
		„ „ 2. „ Prag 1890.
	III. IV.	Dr. J. Hauler: Aufgaben zur Einübung der lat. Syntax.
	III.	1. Theil: Casuslehre. 7 Aufl.
	IV.	2. Theil: Moduslehre. 5. Aufl.
	V.—VIII.	„ lat. Stilübungen für die oberen Classen der Gymnasien
	V. VI.	Abth. für 5. und 6. Classe. 4. Aufl.
	VII. VIII.	„ für 7. und 8. Classe. 3. Aufl.
	III.	K. Schmidt und O. Gehlen: Memorab. Alexandri Magni etc. 4. und 5. Auflage.
	IV.	C. Julii Caesaris comment. de bello gallico, von J. Prammer. 3. Aufl.
		Ausgewählte Gedichte des P. Ovidius Naso, von H. St. Sedlmayer. 4. Aufl.
	V.	T. Livii a. u. c. libri. Textausgaben von Zingerle und von Bitschofsky.
		P. Ovidi Nasonis carm. sel., ed. H. S. Sedlmayer. 3. Aufl.
	VI.	C. Sallusti Crispi Jugurtha. Text von Scheindler und von Klimscha.
		C. Jul. Caesaris comment. de bello civili. Text von Paul.
		M. Tulli Ciceronis orationes in Catilinam. Text von Nohl und von Kornitzer.
	VI. VII.	P. Vergilii Maronis epitome, ed. E. Hoffmann. Editio retractata.
	VII.	M. Tulli Ciceronis orationes: pro Sex. Roscio Amerino, in M. Antonium Philippica II.
		Text von Nohl und von Kornitzer.
		M. Tulli Ciceronis: Laelius. Text von Sebiche und von Kornitzer.
	VIII.	Corn. Taciti: Germania. ⎫ Text von Müller
		„ „ Annales. ⎭ und von Prammer.
		Q. Horatii Flacci carm. sel. ed. Huemer. 2. Aufl.
Griechische Sprache	III.—V.	Dr. Curtius: griech. Schulgrammatik. 19. bez. 17. Aufl.
	VI.—VIII.	„ „ 16. Aufl.
	VI. VII.	Dr. Hartel: Abriss der Grammatik des homerischen und herodot. Dialektes.
	III.—V.	Dr. Schenkl: griech. Elementarbuch. 14. bez. 13. Aufl.
	V.—VIII.	„ Uebungsbuch für O. G. 7. bez. 6. Aufl.
	V. VI.	„ Chrestomathie aus Xenophon. 9. Aufl.
		Homeri Iliadis epitome, ed Scheindler.
		1. Theil. 4. bez. 3. Aufl.
		2. Theil. 3. Aufl.
	VI.	Herodot's Perserkriege, von Dr. Hintner. 2. und 3. Aufl.
	VII.	Demosthenes ausgewählte Reden, von Dr. K. Wotke. 2. Aufl.
	VII. VIII.	Homeri Odysseae epitome.
		1. Theil. 4. bez. 3. Aufl.
		2. Theil. 3. Aufl.
	VIII.	Platon: Apologie und Kriton, nebst den Schlusscapiteln des Phaidon, von A. Ch. Christ.
		Sophokles: König Oidipus. Text von Schubert.

Lehrgegenstand	Classe (Abtheil.)	VERFASSER UND TITEL DER BÜCHER
Deutsche Sprache	I.—VI.	Dr. Fr. Willomitzer: Deutsche Grammatik für österreich. Mittelschulen. 5. bez. 4. Aufl.
	I.—VIII.	Dr. F. K. Kummer und Dr. K. Stejskal: Deutsches Lesebuch für österreichische Gymnasien.
	I.	1. Bd. 3. Aufl.
	II.	2. Bd. 3. Aufl.
	III.	3. Bd. 1. Aufl.
	IV.	4. Bd. 1. Aufl.
	V.	5. Bd. 5. Aufl.
	VI.	6. A. Bd. 3. Aufl. (mit mittelhoch deutschen Texten).
	VII.	7. Bd. 1. Aufl.
	VIII.	8. Bd. 1. Aufl.
Geographie, Geschichte, Vaterlands- kunde, Atlanten	I.—III.	Dr. Fr. Umlauft: Lehrbuch der Geographie für die unteren und mittleren Classen der österreichischen Mittelschulen.
	I.	1. Cursus. Grundzüge der Geographie. 2. und 3. Aufl.
	II. III.	2. Cursus. Länderkunde. Im Anhange: Mathematische Geographie. 2. und 3. Aufl.
	II.—IV.	Dr. A. Gindely: Lehrbuch der allgemeinen Geschichte für die untern Classen der Mittelschulen.
	II.	1. Bd. Alterthum. 8. und 9. Aufl.
	III.	2. Bd. Mittelalter. 9. und 10. Aufl.
	IV.	3. Bd. Neuzeit. 9. Aufl.
	IV.	Dr. E. Hannak: österr. Vaterlandskunde. (Unterstufe.) 9. Aufl.
	V.—VII.	Dr. A. Gindely: Lehrbuch der allgemeinen Geschichte für Obergymnasien.
	V. VI.	1. Bd. Alterthum. 8. Aufl.
	VI.	2. Bd. Mittelalter. 7. Aufl.
	VII.	3. Bd. Neuzeit. 7. Aufl.
	VIII.	Dr. E. Hannak: österr. Vaterlandskunde. (Oberstufe.) 9. Aufl.
		Dr. A. Gindely: Lehrb. der allg. Gesch. f. O. G. 1. Bd. (zur Wiederholung der griech. und röm. Geschichte).
	I.—IV.	Kozenn: geogr. Schul-Atlas. (Ausgabe II in 59 Karten.) 30.—34. Aufl.
	VIII.	Haardt: geogr. Atlas der öst.-ung. Monarchie, in 24 Karten.
	II.	Putzger: histor. Atlas. 11. Aufl.
	II.—VIII.	„ „ „ 6.—9. Aufl.
Mathematik	I.—IV.	Dr. Močnik: Lehrb. der Arithmetik für U. G.
	I. II.	1. Abth. 29. und 30. Aufl.
	III. IV.	2. Abth. 22. und 23. Aufl.
	I.—IV.	Dr. Hočevar: Lehr- und Uebungsbuch der Geometrie für Untergymnasien. 1.—3. Aufl.
	V.—VIII.	Dr. Močnik: Lehrbuch der Arithmetik und Algebra für die oberen Classen der Mittelschulen. 21. und 22. Aufl.
	V.—VIII.	Dr. Heis: Sammlung von Beispielen und Aufgaben aus der allgemeinen Arithmetik und Algebra. 70—78. Aufl.
	V.—VIII.	Dr. Hočevar: Lehrbuch der Geometrie für Obergymnasien.
	V.—VIII.	„ Geometr. Uebungsaufgaben für O. G. 1. und 2. Heft.
	VI.—VIII.	Schlömilch: logarithmische Tafeln.
Natur- geschichte	I. II.	Dr. A. Pokorny: Illustrierte Naturgeschichte des Thierreichs. 20. und 21. Aufl.
	II.	„ Illustr. Naturgeschichte des Pflanzenreichs. 16. und 17. Aufl.

Lehrgegenstand	Classe (Abtheil.)	VERFASSER UND TITEL DER BÜCHER
Natur-geschichte	III.	Dr. A. Pokorny. Illustr. Naturgeschichte des Mineralreichs. 14. und 15. Aufl.
	V.	Dr. Hochstetter und Dr. Bisching: Leitfaden der Mineralogie und Geologie f. d .oberen Classen. 7. und 8. Aufl. Dr. Bill: Grundriss der Botanik. 7. Aufl.
	VI.	Dr. V. Graber: Leitfaden der Zoologie.
Physik	III. IV.	Wassmuth: Lehrbuch der Physik für die unteren Classen der Mittelschulen. 2. Aufl.
	VII. VIII.	Dr. Handl: Lehrbuch der Physik für die oberen Classen der Mittelschulen (Ausgabe für Gymnasien). 4. Aufl.
Philosoph. Propädeutik	VII.	Dr. Lindner: Lehrbuch der formalen Logik. 7. Aufl.
	VIII.	„ Lehrbuch der empirischen Psychologie. 9 Aufl.
Böhmische Sprache	I.—IV. Abth.	Masařik: böhm. Grammatik. 4. und 5. Aufl.
	II. III. Abth.	Tieftrunk: Lesebuch 1. Theil. 4., 5. und 6. Aufl.
	IV. Abth.	„ „ 2. Theil. 3. Aufl.
Stenographie	II. Abth.	Scheller: Lehr- und Lesebuch der Gabelsberger Stenographie. 2. Aufl.
Französische Sprache	I. II. Abth.	Filek: französische Grammatik. 4. und 5. Aufl.
	I. II. Abth.	„ Uebungsbuch für die Unterstufe. 1. und 2. Aufl.
	II. Abth.	„ „ „ Mittelstufe. 3. Aufl.
	II. Abth.	„ französ. Chrestomathie. 4. und 5. Aufl.

IV. Themen der Aufsätze in der Unterrichtssprache in den oberen Classen.

V. Classe.

1. Schilderung einer Herbstlandschaft. — 2. Wodurch erregt der Tod des Sängers Ibykus unsere Theilnahme? — 3. Bertran de Born als Krieger und Sänger. — 4. „Ver sacrum" von Uhland. (Gedankengang.) — 5. Wie kann der Studierende seine Vaterlandsliebe beweisen? — 6. Hagen im Nibelungenliede. — 7. Rüdiger von Bechlarn. —

8. „Wer etwas lernen will, der muss dazu drei Gaben, Von obenher, aus sich und auch von aussen haben: Die Fähigkeit, die Lust und die Gelegenheit." *(Rückert.)*

9. Grimbart vertheidigt Reineke gegen die Anklagen seiner Feinde. — 10. Hüon erzählt Scherasmin, warum er nach Bagdad reisen müsse. — 11. Der Baum, ein Bild des menschlichen Lebens. — 12. Lob der Berge. (Nach Uhland's „Des Knaben Berglied".) — 13. Preis des Vaterlandes. (Nach dem Gedichte „Mein Vaterland" von Erzherzog Maximilian Ferdinand.) — 14. Das Gewitter. (Eine Schilderung auf Grund der Klopstock'schen Ode „Die Frühlingsfeier".) — 15. „Hymne an Oesterreich" von Anastasius Grün. (Gedankengang.) — 16. Das Bild der Zerstörung nach einer Ueberschwemmung. — 17. Sei zufrieden mit deinem Lose. (Mit Rücksicht auf die

„Kreuzschau" von Chamisso.) — 18. Goethe's Haus in Weimar. (Nach der
gelesenen Schilderung „Goethe's Haus und Grab in Weimar" von Immer-
mann.) — 19. Der Segen der Arbeit. — 20. Die Vortheile des Aufenthal-
tes in einer grossen Stadt.

VI. Classe.

1. Die Elemente hassen das Gebild der Menschenhand. — 2. Die Vaterlandsliebe, eine Quelle hoher Tugenden. — 3. Die Burgunden im Hun-
nenlande. (Nach der Lectüre.) — 4. Walther von der Vogelweide, ein
Freund der Hohenstaufen. — 5. Warum nennt Schiller die Ordnung „segens-
reiche Himmelstochter"? — 6. „Die beiden Musen" von Klopstock. (Inhalt
und Deutung.) — 7. Lob des Vaterlandes. (Nach der Ode Klopstock's
„Mein Vaterland".) — 8. Cäsar am Rubicon. (Ansprache des Feldherrn an
seine Legionen.) — 9. Der Frühling. (Nach Kleist's gleichnamigem Gedichte.) — 10. Rechtfertigt sich das Sprichwort: „Durch Eintracht wird das
Kleine stark, das Grosse schwach durch Zwietracht" in der Geschichte des
Alterthums? — 11. Emilia Galotti. (Auf Grund der Privatlectüre.) — 12.
Auf welche Weise wird die Verbindung zwischen Saladin, Nathan und dem
Tempelherrn herbeigeführt? — 13. Minna und Francisca in Lessing's „Minna
von Barnhelm."

VII. Classe.

1. Eintracht macht stark. — 2. Liebe deine Heimat! Schätze das
Fremde! — 3. „Zueignung" von Goethe. (Gedankengang.) — 4. In welcher
Weise hat der Dichter der Iphigenie den Grundgedanken dieses Dramas im
Charakter der Heldin dargestellt? — 5. Götz und Weislingen. (Parallele auf
Grund der Privatlectüre.) — 6. Der Zustand Deutschlands nach Goethe's
„Götz von Berlichingen". — 7. Ansprache des Herzogs von Lothringen an
seine Krieger vor der Türkenschlacht vor Wien. — 8. Die Wunderthaten
der Begeisterung. — 9. Maria Stuart und Elisabeth. (Nach Schiller.) — 10.
Die Lage des Bürgers und Bauern in „Wallensteins Lager". — 11. Wallen-
stein. (Nach Schiller.) — 12. Buttler's Verhältnis zu Wallenstein. — 13.
Suavis est laborum praeteritorum memoria

VIII. Classe.

1. Finis coronat opus — 2. Bedeutung der Worte:

„Was unten tief dem Erdensohne
Das wechselnde Verhängnis bringt,
Das schlägt an die metallne Krone,
Die es erbaulich weiter klingt". (Schiller.)

3. Der Zug der Vertriebenen in Goethes „Hermann und Dorothea". — 4. Hermann's Eltern. (Nach Goethe's „Hermann und Dorothea".) — 5. Zriny, das Muster-
bild eines opferfreudigen Patrioten. (Nach Körner.) — 6. Graf Eberhard der
Rauschebart. (Nach Uhland.) — 7. Anrede des Andreas Hofer an seine
Kampfgenossen vor dem Kampfe mit den Franzosen. — 8. Ziehe hin! Das
Leben ruft zum Streite. (Halm.) — 9 Maria Stuart nimmt vor der Hin-
richtung Abschied von ihren Freunden und Dienern. (Rede, frei nach Schiller's
gleichnamigem Drama.) — 10. Welchen Einfluss üben die Eisenbahnen auf
die Gestaltung der menschlichen Lebensverhältnisse? — 11. Mit welchen
Gründen vertheidigt Ulrich von Rudenz seine Parteistellung gegen die
Mahnungen Attinghausens? — 12. Welche Blätter der österreichischen Geschichte sind ein Zeugnis für die Bedeutung des Wahlspruches: „Viribus
unitis"? (Maturitätsprüfungsarbeit.)   J. Lang.

V. Relativ-obligate und freie Gegenstände.

A) Böhmische Sprache: 4 Abth. à 2 St. wöchentlich . . . Merten.
   1. Abth. 2 St. Aussprache, Leseübungen; Flexion des Verbums býti,
   die sechs Coniugationen des regelmässigen Verbum; Geschlecht der
   Substantiva. Uebersicht der Präpositionen. Declination der Substantiva
   und Adiectiva.
   2. Abth. 2 St. Declination der Substantiva und Adiectiva männlichen,
   weiblichen und sächlichen Geschlechtes. Declination der Pronomina
   und Numeralia. Comparation der Adiectiva und Adverbia. — Uebersetzungen aus dem Lesebuche.
   3. Abth. 2 St. Numeralia Ergänzung der Flexion der Verba und
   Bildung der Perfect- und Futur-Form; der Coniunctiv, das Supinum.
   Anwendung der Präpositionen. Iteration der Verba. Lectüre nach
   dem Lesebuche:
   4. Abth. 2 St. Iteration der Verba. Verba imperfectiva der sechs
   Coniugationen; Verba frequentativa und incohativa. Gebrauch der
   Präpositionen; der Transgressiv, der Infinitiv. Casuslehre. Lectüre
   nach dem Lesebuche. Uebersetzung kurzer Lesestücke aus dem Deutschen in's Böhmische. Die wichtigsten Daten aus der neueren Literatur
   in biographischer Form.
   In allen vier Abtheilungen: mündliche und schriftliche Uebungen.
   (Eine Remuneration bezog der Lehrer der böhmischen Sprache nicht,
   da diese Lehrstunden zu seiner normalen Lehrverpflichtung gehörten.)

B) Kalligraphie: 2 Abth. à 1 St. wöchentlich . . . . Lang.
   1. Abth. (Schüler der I. Classe) 1 St. Lateinische Schrift und deutsche
   Currentschrift.
   2. Abth. (Schüler der II. Classe) 1 St. Weitere Uebungen in der deutschen Current- und in der lateinischen Schrift. Griechische Schrift.
   Jahresremuneration (aus dem Studienfonde): 40 fl. für je eine wöchentliche Stunde.

C) Freihandzeichnen: 5 Gruppen; wöchentlich 6 Stunden . . . . . Ott
   I. Unterrichtsstufe.
   1. Gruppe: wöchentlich 2 St. Zeichnen geom. Formen und deren Anwendung auf das Fluchornament, nach den auf der Tafel entworfenen
   Vorlagen von Prof. Andĕl (Nr. 1—31); Erklärung der Körper. Gedächtniszeichnen.
   2. Gruppe: wöchentlich 2 St. Fortgesetztes Zeichnen nach Prof. Andĕl's
   Vorlagen (bis Nr. 40). Erläuterung der perspectivischen Grundsätze.
   Zeichnen nach Drahtmodellen (getheilte Gerade, drei parallele Gerade,
   Winkel, Quadrat, Rechteck, gleichseitiges Dreieck, reguläres Fünfeck,
   und Sechseck, Kreis im Quadrat, Kreis, zwei concentrische Kreise,
   drei rechtwinklig sich schneidende Kreise, Ellipse; Würfel, drei- und vier-
   seitige Pyramide, drei-, vier- und sechsseitiges Prisma, Cylinder.) Gedächtniszeichnen.
   II. Unterrichtsstufe: (1., 2. und 3. Gruppe zusammen) wöchentlich
   2 Stunden.
   1. Gruppe: Das monochrome Muster; der Farbenkreisel; Vollkörper;
   architektonische Formen und Stilarten; Regelkopf (nach Grandauer);
   Gedächtniszeichnen.

2. Gruppe: Das polychrome Muster; Gruppen von Vollkörpern; Gedächtniszeichnen.
3. Gruppe: Zeichnen nach Reliefs und plastischen Ornamenten; Gedächtniszeichnen.
Jahresremuneration (aus dem Studienfonde): 40 fl. für je eine wöchentliche Stunde.
D) Turnen: 3 Abtheilungen, wöchentlich 6 Stunden . . . . Schirmer.
1. Abth. (Schüler der 1. und 2. Classe) wöchentlich 2 Stunden.
2. Abth. (Schüler der 2., 3., und 4. Classe) wöchentlich 2 Stunden.
3. Abth. (Schüler der 3., 4., 5. und 6. Classe) wöchentlich 2 Stunden.
I. Ordnungsübungen und Spiele.
1. Abth. Durchbildung der Reihe nach Richtung, Fühlung, Stellungswechsel durch $^{1}/_{1}$ und $^{1}/_{2}$ Drehung; Auflösen und Wiederherstellen; Reihungen 1. Ordnung; Schwenken kleiner Reihen. — Spiele: ortsübliche Bewegungsspiele; Zeck, schwarzer Mann, Katze und Maus, Kreislauf, Tauziehen, Fuchs aus dem Loch, Henne und Geier.
2. Abth. Reihungen 1. und 2. Ordnung; Schwenkungen grösserer Reihen. — Spiele: Fussball, Hangeln und Klettern als Wettübung, Barlauf, Ziehen und Schieben, Hahnenkampf, drei Mann hoch.
3. Abth. Reihenkörpergefüge; Anwendung der gelernten Uebungsformen der Reihe im Reihenkörpergefüge. — Spiele: Ziehen, Schieben, Heben, Hangeln, Klettern u. dgl. als Wettübung; Barlauf, drei Mann hoch und Schlaglauf mit Zuordnungen.
II. Freiübungen. Die Schwierigkeitsstufen dieser Art wurden durch Angabe des Raum- und Zeitmasses in der Bewegung, sowie durch eine mehr oder weniger weitgehende Zusammensetzung der Uebungsformen bestimmt.
III. Geräthturnen (nach drei Schwierigkeitsstufen).
Jahresremuneration (aus dem Studienfonde) 40 fl. für je eine wöchentliche Stunde.
E) Gesang: 2 Abtheilungen, wöchentlich 3 Stunden . . . . Hahnl.
1. Abth. wöchentlich 1 St. Kenntnis des Notensystems; Aufbau der Tonleiter, eingehende Uebungen im Treffen der Intervalle. Die erlangte Fertigkeit wurde in ein- und zweistimmigen Liedern angewendet.
2. Abth. wöchentlich 2 St. Kenntnis und Uebung der Dur- und Moll-Tonleiter; fortgesetzte Uebungen im Treffen der Intervalle. Anwendung des Gesanges in zwei- und dreistimmigen Knabenliedern, im gemischten Chor und Männerquartett.
Jahresremuneration (aus dem Studienfonde) 40 fl. für je eine wöchentliche Stunde.
F) Stenographie 2 St. (bis 24. März 1891) . . . . . . Merten.
Abtheilung für Vorgerücktere. Ausführliche Theorie der Satzkürzung, verbunden mit Schreibübungen nach allmählich rascheren Dictaten. Lectüre gekürzter Lesestücke.
Jahresremuneration (aus dem Studienfonde) 50 fl. für je eine wöchentliche Stunde.
G) Französische Sprache: 2 Abtheilungen, wöchentlich 3 Stunden.
Bis 24. März 1891 . . . . Merten.
Seit 1. April 1891 . . . . Lipp.
1. Abth. 2 St. Regeln der Aussprache und des Lesens nebst der Accentlehre. Formenlehre des Nomen. Der article partitif. Decli-

nation und Comparation des Adiectiv. Das Numerale. Der Indicativ und Subjonctiv von avoir, être, aimer.

2. Abth. 2 St. Numeralia. Pronomina. Abschluss des Verb. Verba auf cer, ger, oyer, uyer, ayer; haïr, battre, vaincre. Adverbia; Präpositionen; die passive Form des Verb.

Jahresremuneration (aus dem Studienfonde) 50 fl. für je eine wöchentliche Stunde.

VI. Unterstützung der Schüler.

a) Stipendien.

Post-Nr.	Namen der Stipendisten	Schul-Classe	Namen der Stipendien	Datum und Zahl des Verleihungsdecretes	Jahres-Betrag
1.	Dopita Franz	VII.	Deutsche Titlbach-Kaiser'sche Stiftung.	Bürgermeisteramt Saaz, den 21. April 1886, Z. 2658.	fl. 42
2.	Willowitzer Karl	VI.	Jičiner Stiftung bürgerl. Abth. Nr. 34.	k. k. Statthalterei Prag, den 19. Feber 1888, Z. 99668.	fl. 100
3.	Lang Josef	V.	J. A. v. Klement'sche Stiftung Nr. 12.	k. k. Statthalterei Prag, den 3. September 1887, Z. 49243.	fl. 88
4.	Keller Josef	IV.	Erzherzogin Gisela-Studenten-Stiftung	k. k. Statthalterei Prag, den 17. Juli 1888, Z. 68168.	fl. 84
5.	Frank Ferdinand	III.	K. L. Stieber'sche Stiftung.	k. k. Statthalterei Prag, den 19. März 1891, Z. 25245.	fl. 10
6.	Wostry Wilhelm	III.	Rosalia Fritschka'sche Stiftung.	k. k. Statthalterei Prag, den 5. März 1891, Z. 118534.	fl. 55·86

Gesammtbetrag der an der Anstalt bezogenen Stipendien: 379 fl. 86 kr. ö. W.

Anmerkung. Die Deutsche Titlbach-Kaiser'sche Stiftung, die Erzherzogin Gisela-Stiftung, ferner die Rosalia Fritschka'sche Stiftung und die K. L. Stieber'sche Stiftung können nur am Saazer Gymnasium genossen werden.

b) Locales Unterstützungswesen.

a) Unterstützungen stiftungsmässigen Charakters.

1. Aus der KAISER-FRANZ-JOSEPH-STIFTUNG der israelitischen Cultusgemeinde Saaz für Schüler des Saazer Gymnasiums waren zur Ver-

theilung am 2. December 1890 verfügbar die Interessen der für diese Stiftung vinculierten Staatsschuldverschreibung (von 300 fl.) für die Zeit vom 1. November 1889 bis 31. October 1890 im Betrage von 12 fl. 60 kr. Dieser Betrag wurde stiftsbriefgemäss am 2. December 1890 über Vorschlag des derzeitigen Vorstehers der isr. Cultusgemeinde Saaz (de dato 30. November 1890), des Herrn J. U. Dr. Landesadvocaten David Löwi zu gleichen Theilen je einem Schüler der 5. u. 4. Classe durch den Berichterstatter übergeben.

2. Die ganzjährigen Zinsen (vom 1. Mai 1890 bis 30. April 1891) der von der hiesigen isr. Cultusgemeinde mit einem Stiftungscapitale von 300 fl. begründeten Kronprinz Rudolf-Vermählungs-Stiftung wurden über Vorschlag des sub 1 genannten Vorstehers der isr. Cultusgemeinde Saaz (de dato 8. Mai 1891) am 10. Mai 1891 in der Art verwendet, dass von dem Berichterstatter je ein israelitischer Schüler der 4. u. der 1. Classe mit 6 fl. 30 kr. ö. W. betheilt wurde.

3. Die Jahresinteressen (7 fl. 75 kr. für die Zeit vom 1. Juli 1890 bis 30. Juni 1891) des in der Saazer Sparcasse angelegten Erlöses aus der von Frau Josephine Nožiczka, Realitätenbesitzerin in Saaz, am 22. Mai 1877 (Jahresbericht pro 1877 pag. 47) zur Unterstützung eines Schülers des Saazer Gymnasiums gewidmeten Actie des seither aufgelösten Saazer Credit- und Hypotheken-Vereines wurden am 5. Juli 1891 durch den Berichterstatter einem Schüler der 4. Classe übergeben. Das betreffende Sparcassebuch mit einer Einlage von 205 fl. ö. W. befindet sich in einstweiliger Verwahrung der k. k. Gymnasial-Direction.

4. Von der Studentenkrankenbettstiftung im hiesigen Kaiserin Elisabeth-Krankenhause wurde im abgelaufenen Schuljahre kein Gebrauch gemacht.

β) Andere Unterstützungen.

1. Herr Anton Ippoldt, Buchhändler in Saaz, spendete eine Partie Zeichenpapier und mehrere Zeichenbloks, Herr Rudolf Fassl, Buchbinder und Schreibmaterialienhändler in Saaz, eine Partie Schreib- und Zeichenrequisiten.

2. Der rege Wohlthätigkeitssinn der Bewohnerschaft der Stadt Saaz bewährte sich auch in diesem Schuljahre durch Gewährung zahlreicher Freitische und Unterstützungen anderer Art.

γ) Schülerlade.

Am 15. Juli 1890 besass die Schülerlade (laut Jahresbericht pro 1890, pag. 45)

einen Stammfond von . . . . 1501 fl. 70 kr.
und eine zur Verwendung im Schuljahre 1890—91 verfügbare Barschaft von . . . . 199 „ 06 „
Seither sind eingegangen:
1. Von einem ungenannt sein wollenden Wohlthäter . . 10 „ — „
2. Bei den Einschreibungen pro 1890—91 [1]) . . . . . . 97 „ 90 „

---

[1]) und zwar: von den Herren *David Abeles*, Hopfenhändler in Saaz u. *Dr. C. Ritter v. Schönfeld*, Bürgermeister in Saaz je 10 fl.; von den Herren *Heinrich Kellner*, Hopfenhändler in Saaz, *Philipp Löwy*, Productenhändler in Saaz, *Ernst Mik*, Zuckerfabriksoberdirector in Saaz je 5 fl.; von Frau *Theresia Glaser*, Hausbesitzerin in Saaz und von Herrn *Leopold Telatko*, Fabri-

3. Von Frau Emanuele Pitter, Oberfinanzrathsgattin in Teplitz . . . . 10 fl. — kr.
4. Ertrag der statutenmässigen Sammlung freiwilliger Beiträge der Schüler (20. November 1890[2]) . . . . . 48 „ 07 „
5. Durch Herrn J. U. Dr. V. Robitschek, Landesadvocaten in Saaz, aus Anlass eines in der Kanzlei desselben abgeschlossenen Vergleiches . . . . 10 „ — „
6. Vom löbl. Bürgermeisteramte in Saaz aus dem Sparcasseertrage im Jahre 1889 . . . . 100 „ — „
7. Reinertrag beim Schülerconcerte am 9. Mai 1891[3] . . 105 „ 90 „
8. Vom Lehrkörper der Anstalt . . . . 24 „ — „
9. Gelegentliche Spenden (51 kr. u. 40 kr.) . . . . . . — „ 91 „
10. An Interessen des in der Saazer Sparcasse angelegten Stammfondes für die Zeit vom 1. Juli 1890—30. Juni 1891 . . . . 56 „ 84 „

daher in Summa . . . 463 fl. 62 kr.

(Anmerkung. Mit Beschluss des löbl. Gemeindeausschusses der k. Stadt Saaz vom 25. April 1891 wurde der Schülerlade aus dem Reinertrage der Saazer städt. Sparcasse im Jahre 1890 abermals ein Betrag von 100 fl. gewidmet, welcher seinerzeit verrechnet werden wird.)

Von den seit 16. Juli 1890 eingegangenen Spenden per 406 fl. 78 kr. fliessen nach §. 5 der Statuten 81 fl. 35 kr. dem Stammfonde zu; die übrigen 325 fl. 43 kr., ferner der oben ausgewiesene Cassarest aus dem Schuljahre 1890 pr. 199 fl. 06 kr., sowie die Interessen des Stammfondes vom 1. Juli 1890 – 30. Juni 1891 im Betrage von 56 fl.

---

kant in Saaz je 4 fl.; von Frau *Anna Pohnert*, Wirthschaftsbesitzerin in Reitschowes, ferner von den Herren *Ferdinand Lustig*. Kaufmann in Saaz, *Adolf Schermer*, Hopfenhändler in Saaz und *Anton Wurdinger*, Hopfenhändler in Saaz je 3 fl.; von den Herren *Jakob Grünbaum*, k. k. Gerichtsadjunct in Falkenau a. d. Eger, *Josef Hackl*, Wirtschaftsbesitzer in Horschowitz, *Jakob Herrmann*, Kaufmann in Liebotschan, *J. L. Kohn*, Hopfenhändler in Saaz, *Leopold Löwy*, Kaufmann in Saaz, *Wilhelm Löwy*, Kaufmann in Karlsbad, *Eduard Nathansky*, Hopfencommissionär in Saaz, *Heinrich Pollak*, Hopfenhändler in Saaz, *Otto Schaller*, Gutspächter in Saaz, *Karl Schöniger*, Wirthschaftsbesitzer in Groschau und *Hugo Zulauf*, Mehlhändler in Saaz je 2 fl.; von Frau *Ludovika Leiner*, Hausbesitzerin in Saaz, ferner von den Herren *Moriz Grünfelder*, Hopfenhändler in Saaz, *Karl Löbl*, Privatier in Podersam und *Josef Nikasch*, Bürgerschuldirector in Saaz je 1 fl. 90 kr.; von Frau *Albina Hohler*, Hausbesitzerin in Saaz 1 fl. 30 kr.; von den Herren *Ignaz Fanta*, Productenhändler in Oberrotschov, *Adolf Haim*, Brauer in Tuchorschitz, *Jakob Lang*, Hopfenhändler in Saaz, *Emanuel Leiner*, Hopfenhändler in Saaz, *Moriz Rindskopf*, Hopfenhändler in Saaz, *Josef Singer*, Hopfenhändler in Saaz, *Philipp Wambach*, Hopfenhändler in Saaz und *Anton Wiesender*, Wirthschaftsbesitzer in Oberklee je 1 fl., von den Eltern mehrerer Schüler zusammen 4 fl.

[2]) und zwar: *I. Classe:* Abeles 5 fl.; Grünfelder 1 fl. 50 kr ; Büchner, Gatscher, Jacob Leiner, Löwy, Zuleger je 1 fl.; Nikasch, Teschinsky je 60 kr.; Hauschild, Nohel je 50 kr., Glaser, Löbl Arthur, Mautner je 30 kr.; Anderle, Knobl, Kohn, Schmalfuss je 20 kr.; Moisis 10 kr. — *II. Classe:* Abeles 5 fl.; Uschig 2 fl.; Boudy, Hainz Heinrich, Hohler, Lang je 1 fl.; Fischer 60 kr.; Löwy Friedrich, Schiffler, Zdrahal je 50 kr.; Schaller 40 kr.; Bergmann 31 kr.; Bloch 30 kr.; Waldstein 26 kr. — *III. Classe:* Wurdinger 1 fl. 50 kr.; Leiner, Lustig, Telatko je 1 fl.; Löwy, Nohel, Schermer je 50 kr. — *IV. Classe:* Lanzenberger 1 fl.; Keller, Süss je 50 kr.; Goldschnidt, Tilp je 40 kr. — *V. Classe:* Klauber, Löwy, Mik, Pollak je 50 kr.; Hild 30 kr. — *VI. Classe:* Berzaczy, Hollub je 50 kr., Willomitzer 30 kr. — *VII. Classe:* Doberauer, Schermer je 50 kr.; Nathansky, Singer je 40 kr. — *VIII. Classe:* Kohn, Löwy Berthold, Löwy Hugo je 50 kr.; Rössler, Schöniger, Thoma je 40 kr.; Wiesender 30 kr. •

[3]) Die Gesammteinnahme aus Anlass dieses Concertes betrug 131 fl. 30 kr.; die Auslagen bezifferten sich auf 25 fl. 40 kr.

84 kr., daher zusammen 581 fl. 33 kr. sind für Unterstützungszwecke verfügbar gewesen.

Es beziffert sich sonach der **Stammfond am 15. Juli 1891 auf:**
1583 fl. 05 kr. ö. W.

Anmerkung: Ausserdem giengen der Schülerlade vom Septimaner Karl Schermer geschenkweise zwei brauchbare Schulbücher zu.

Verausgabt wurden aus dem oben als hiefür verfügbar ausgewiesenen Betrage pr. 581 fl. 33 kr.:

a) an drei Schüler bar fl. 3+25+10 . . . . 38 fl. — kr.
b) für Schreib- und Zeichenrequisiten . . . . 10 „ 35 „
c) an vier Schüler zur Ermöglichung der Benützung der
  neuen Schwimm- und Badeanstalt . . . . 14 „ — „
d) für Schulbücher, Lexika und Atlanten[1]) . . . . 459 „ 15 „
e) Stempel und Porto . . . . — „ 37 „

Gesammtausgabe . . . 521 fl. 87 kr.

Bringt man von dem als verfügbar ausgewiesenen Betrage
von . . . . 581 fl. 33 kr.
in Abzug die Ausgaben von . . . . 521 „ 87 „

so bleiben für 1891—92 verfügbar . . . . 59 fl. 46 kr.

Auf diese Weise konnte 76 Schülern der Anstalt je nach ihrer Bedürftigkeit eine grössere oder geringere Zahl theils neuer, theils von früher vorhandener Schulbücher, Lexika und Atlanten zur Benützung für die Zeit des Bedarfs, einzelnen Schülern auch Unterstützung in barem Gelde verabfolgt werden.

Geldgebarung:

Capitalbestand (Stammfond) des Vorjahres . . . . . 1501 fl. 70 kr.
Cassarest (zur Verwendung verfügbarer Betrag) am
  Ende des Vorjahres . . . . 199 „ 06 „
Einnahmen a) für den Stammfond . . . . 81 „ 35 „
  b) zur Verwendung für bedürftige Schüler
    (incl. Cassarest des Vorjahres) . . . 581 „ 33 „
Capitalbestand (Stammfond) am 15. Juli 1891 . . . 1583 „ 05 „
Activstand (zur Verwendung verfügbarer Betrag pro
  1891—92) . . . . 59 „ 46 „

Anmerkung: Der Stammfond ist in der Saazer städtischen Sparcasse fruchtbringend angelegt.

VII. Vermehrung der Lehrmittelsammlungen.
A) Einnahmen.

1. Cassarest vom Vorjahre . . . . 4 fl. 70 kr.
2. Aufnahmstaxen . . . . 98 „ 70 „
3. Lehrmittelbeiträge der Schüler . . . . 188 „ — „
4. Taxe für ein Maturitäts-Zeugnis-Duplicat . . . . . 6 „ — „
5. Ergänzung der Dotation aus dem Studienfonde . . . 147 „ 30 „

Summa . . . 444 fl. 70 kr.

Anmerkung. Besondere Stiftungen für Lehrmittelvermehrungszwecke bestehen an der Anstalt nicht.

---

[1]) Bei diesen Anschaffungen wurde ein 10%ger Rabatt gewährt.

B) Zuwachs im Schuljahre 1890—91.

a) *Geschenke.*

Lehrerbibliothek: Vom h. k. k. Ministerium für Cultus und Unterricht: 1. (direct) E. Schroeder und G. Roethe: Zeitschrift für deutsches Alterthum und deutsche Literatur. 23. Band. 2. (durch den h. k. k. Landesschulrath): „Die Volkshymne", illustriert von österr. Künstlern. Prag und Wien F. Tempsky. — Jerolim Freiherr von Benko: Das Datum auf den Philippinen. — Von der h. k. k. Statthalterei in Prag: Landesgesetzblatt für Böhmen. — Von der Central-Direction der k. k. Schulbücherverläge in Wien: A. Ritschel und A. Rypl: Methodisches Elementarbuch der böhmischen Sprache, für die 2 ersten Jahrgänge der Mittelschulen mit deutscher Unterrichtssprache. — Von der kais. Akademie der Wissenschaften in Wien: Anzeiger. — Vom Vereine für Geschichte der Deutschen in Böhmen: H. Gradl: Die Chroniken der Stadt Eger, herausgegeben im Auftrage des genannten Vereines. Prag 1884. — Von Dr. A. Bauer, Verlagsbuchhändler in Wien: A. Klaar: Grillparzer als Dramatiker. Wien 1891. — Vom Herrn Professor H. Weisser: Mittheilungen der k. k. Central-Commission zur Erforschung und Erhaltung der Kunst- und histor. Denkmale. XVI. Bd.

Schülerbibliothek: Von Dr. A. Bauer, Verlagsbuchhändler in Wien: A. Klaar: Grillparzer als Dramatiker. Wien 1891. — Vom Octavaner K. Kohn: Dr. A. B. Frank: Pflanzentabellen zur Bestimmung der höheren Gewächse Nord- und Mittel-Deutschlands. 4. Aufl. Leipzig 1881.

Programmensammlung: Programme inländischer Anstalten: 198 Stück. — Programme der k. bayrischen Anstalten: 36 Stück. — Programme der Anstalten Deutschlands: 298 Stück (davon 204 Stück mit wissenschaftlichen Abhandlungen).

Lehrmittel für naturgeschichtlichen Unterricht: von Herrn Prof. Joh. Girlinger: 1 Wiesel (gestopft); von Herrn Anton Hoblik, Wirtschaftsbesitzer in Gross-Holletitz: 1 Backenzahn vom Mammuth; von Herrn Dr. Herold in Kaaden: Kalktuff und Kaadner Grünerde; von Herrn Josef Janetschek, Eisenbahnbeamte in Saaz: eine Kreuzotter (Spirituspraeparat); von Herrn Kleiser, Tischlermeister in Saaz: 1 Stieglitz, 1 Schneehuhn (gestopft); von Herrn Knauscher, Schulleiter in Mekl: Augitkrystalle; von Herrn Josef Krehan, k. u. k. Oberlieutenant in Aotovacs: 2 Hornvipern, 1 grüne Eidechse, 2 Schnurasseln (Spirituspraeparate); von Herrn Moriz Lüdersdorf, Cartonagenfabrikant in Saaz: 400 St. Mineralienschachteln in 2 Grössen; von Herrn Steinmetz in Tuchorschitz: 1 Steinhammer, 1 Nephritbeil; von Herrn H. Zulauf, Mehlhändler in Saaz: 1 Bachstelze, 1 Blaumeise, 1 Blaukehlchen, 1 Eisvogel (gestopft); von zwei ungenannt sein wollenden Spendern: 1 weisser Storch, Oberarmknochen von Rhinoceros tichorhinos, je ein Backen- und Eckzahn vom Höhlenbären; vom Custos der Lehrmittel für Naturgeschichte, suppl. k. k. Gymn.-Lehrer Herrn G. Bruder: 20 Gesteinshandstücke, ferner anatomische Präparate (in Spiritus) von: Feldmaus, Flusskrebs, Malerflussmuschel, Auster und Blutegel. — Der Primaner Schuh Julius brachte einen Ailanthusspinner und mehrere andere Schmetterlinge.

b) *Kauf.*

Lehrerbibliothek: Fortsetzungen· Verordnungsblatt; Mittheilungen der k. k. geogr. Gesellschaft in Wien (1891); österr. Mittelschule (Jahrg. 5);

Mittheilungen des Vereins für Geschichte der Deutschen in Böhmen (Jahrg. 29); Petermann's Mittheilungen; österr. Gymn. Zeitschrift; Grimm: Wörterbuch; Bronn: Classen und Ordnungen des Thierreichs; Gretschel und Bornemann: Jahrbuch der Erfindungen (1890); Seibert: Zeitschrift für Schulgeographie; österr.-ungar. Monarchie in Wort und Bild (2 Bände); Leunis: Synopsis der 3 Naturreiche, 3. Theil 2. Bd. Geognosie (1. u. 2. Hälfte); Dr. Iwan Müller: Handbuch der classischen Alterthumswissenschaft, 4., 5. und 7. Band. — Neuanschaffungen: J. Lukeš: Militärischer Maria Theresien-Orden. (Neue Folge der Ordens-Geschichte. 3. Abth. 1850—1890.) Wien 1890. — Dr. M. Wetzel: Gymnasium. Zeitschrift für Lehrer an Gymnasien und verwandten Unterrichtsanstalten. 9. Jahrg. — F. A. Weinhold: physikalische Demonstrationen. 2. Aufl. — Dr. Fr. Stejskal: Regel- und Dictierbuch. — Cicero's erste und zweite philipp. Reden, erkl. v. Halm. 8. Aufl. — Calver und Jäger: Käferbuch. — Müller: allgemeines Wörterbuch der Aussprache ausländischer Eigennamen. Leipzig 1888. — Sander's: Hauptschwierigkeiten der deutschen Sprache. — Wezel: Caesar's gallischer Krieg, zum Uebersetzen aus dem Deutschen in's Latein. — Kirchner: Wörterbuch der philosophischen Grundbegriffe. — Jahrbuch des höheren Unterrichtswesens in Oesterreich. 4. Jahrg. (Der 3. Jahrgang war 1890 angeschafft worden.)

Schülerbibliothek: Fortsetzung: Die österr.-ungarische Monarchie in Wort und Bild. Lief. 115—138. — Neuanschaffungen: J. Lukeš: Militärischer Maria-Theresien-Orden. (Neue Folge der Ordensgeschichte. 3. Abth. 1850—1890.) Wien, 1890. — Ferd. Zöhrer: Das Kaiserbuch. — K. von Barfuss: Durch alle Meere. — Luise Pichler: In Steppen und auf Schneefeldern. — Aus Ferd. Schmidt's Deutscher Jugendbibliothek: Kriegsruhm und Vaterlandsliebe. Janko, der Maler. Richards Fahrt nach dem heil. Lande. Jazzo. Der Köhler und die Prinzen. Mozart. Der Schiffsjunge. Maiblumen. Goldregen. Oedipus und sein Geschlecht. König Lear. Thier- und Jagdgeschichten. — Aus der Hofmann'schen Bibliothek: Der über den Wolken. Aeusserer Glanz. Säen und ernten. Ein Millionär. An Gottes Segen ist alles gelegen. Hirt und Flüchtling. Und führe uns nicht in Versuchung. Jeder in seiner Weise. Hoch im Norden. Gute Kameraden. Nicht immer. Gute Seelen. Schmulcheleben. Thust Du was Gutes, wirf's in's Meer. — Heller: Aus dem tropischen Amerika. — Zehden: Verkehrswege zu Wasser und zu Land. Norwegen. — A. von Schweiger-Lerchenfeld: Arabische Landschaften. — G. von Gyurkovics: Bosnien und die Nebenländer. Albanien. — Dr. Ferd. Grassauer: Die Donau. — K. Rick: Das Wasser in seiner geologischen Wirksamkeit. — J. R. v. Lehnert: Eine Weltumseglung. — Jarz: König Ladislaus Posthumus. — G. Biermann: Karl IV. — Zwiedineck-Südenhorst: Wallenstein. — Dr. K. Schober: Siegmund Freiherr von Herberstein. — E. Aelschker: Maria Theresia im Erbfolgekriege. — Ferd. Schmidt: Gudrun. Benjamin Franklin. Die Türken vor Wien. Herder als Knabe und Jüngling. Die Nibelungen. — Nachtrag pro 1890: Schulausgaben von Grillparzer's Sappho und Ahnfrau. — Aus Jessen's Volks- und Jugendbibliothek: Die Spielkameraden. Kärntner Sagen. Im Banne des Föhn. Oesterreichs Flagge im hohen Norden. Drslaw und Jutta. — Aus Fr. Frisch's gesammelten Erzählungen: Neue Geschichten. In Glück und Leid. Allerhand Freunde. — Aus Dr. Rob. Weissenhofer's Schriften zur Hebung der Vaterlandsliebe: Das Glöcklein von Schwallenbach. Der Schweden-Peter. — Paul Moritz: Der letzte Mohikaner. Der Wildtödter. — A. Stein: Cooper's Lederstrumpferzählungen. — R. Scipio: Durch

Kampf zum Sieg. Jürgen Wullenweber. — Fr. Hoffmann: Der neue deutsche Jugendfreund. 44. B und. — Ausserdem wurden von einzelnen schadhaft und unbrauchbar gewordenen Büchern neue Exemplare angeschafft.

Lehrmittel für Geographie und Geschichte: Dr. Fr. Umlauft: Wandkarte von Oesterreich-Ungarn zum Studium der Geschichte.

Lehrmittel für Naturgeschichte: Termiten-Praeparat (in Spiritus). Ausgestopfte Thiere: ein Kaninchen, eine Haubenlerche, ein Haussperling (Weibchen). Fussskelete vom Pferd, vom Rind und vom Schwein. — Ferner wurden mehrere Gläser für Spirituspraeparate angekauft.

Lehrmittel für Physik: Thomsen's Elektrometer (statt der Coulomb'schen Drehwage). — Anziehung von Drahtrollen, die von Strömen durchflossen sind. — Arago's Rotationsmagnetismus. — Roget's Spirale. — Haidinger's Loupe zur Poralisation des Lichtes. — Normalstimmgabel. — Aspirator. — Mittagslinie-Bestimmer. — Zeigerwage mit Viertelkreis.

C) Stand der Lehrmittelsammlungen am Schlusse des Schuljahres 1891.

Name der Sammlung	Zu- wachs	Stand zu Ende	Name der Sammlung	Zu- wachs	Stand zu Ende
	1890—91			1890—91	
Lehrerbibliothek:			*Mineralogische Sammlung:*		
Nummern	18	2860	Naturstücke	50	1505
Bände	30	5025	Krystallmodelle	—	254
Hefte	2	256	Apparate	—	68
Programme	438	8217	*Geographische Sammlung:*		
Schülerbibliothek:			Wandkarten	1	55
Nummern	34	1019	Atlanten	—	25
Bände	45	1421	Globen	—	8
Physikalische Apparate:	9	845	Tellurien	—	1
Chemische Apparate:	—	12	Plastische Karten	—	3
Chemische Präparate:	—	75	*Geometrie:*		
Naturhistorische Abbildungen:	—	176	Körper und Modelle	—	42
			Lehrmittel für den Zeichenunterricht:		
Zoologische Sammlung:			Drahtmodelle	—	22
Wirbelthiere	14	241	Holzmodelle	—	29
Andere Thiere	6	629	Gypsmodelle	—	110
Sonstige zoologische Gegenstände	8	335	Vorlegeblätter	—	1165
Botanische Sammlung:			Apparate	—	7
Herbariumblätter	3	1333	Utensilien	—	50
Sonstige botan. Gegenstände	1	66	*Technologische Objecte:*	—	1

VIII. Maturitätsprüfungsergebnis.

Schuljahr 1889—90. Die mündliche Maturitätsprüfung für das Schuljahr 1889—90 wurde unter dem Vorsitze des Directors des deutschen Staatsgymnasiums in Prag (Altstadt), Herrn Dr. Joh. Konrad Hackspiel am 18. und 19. Juli 1890 abgehalten. Derselben unterzogen sich 12 Abiturienten des Schuljahres 1890 und 1 Abiturient des Schuljahres 1889, welcher im Sinne der h. Minist.-Verordnung vom 10. December 1885, Z. 22906, Punkt 4, die Prüfung zum zweitenmal ablegte. Von diesen 13 Abiturienten erhielten vier Zeugnisse der Reife mit Auszeichnung, acht wurden einfach reif erklärt, ein Abiturient wurde auf ein Jahr reprobiert.

Die näheren Daten über die für reif erklärten Abiturienten des Schuljahres 1890 enthält folgende Tabelle:

Post-Nr.	NAMEN der Abiturienten, Religionsbekenntnis, Muttersprache.	Geburts- Ort	Jahr	Dauer der Gymnasial-Studien	Prüfungs-Ergebnis	Gewählter Beruf
1.	Bureš Franz, katholisch, böhmisch.	Šanov (Böhmen).	1869	8 Jahre	reif mit Auszeichnung	Medicin
2.	Fleischer Julius, mosaisch, deutsch.	Welchau bei Saaz (Böhmen).	1871	8 Jahre	reif mit Auszeichnung	Medicin
3.	Forster Joh. Richard, katholisch, deutsch.	Franzensbad (Böhmen).	1869	8 Jahre	reif	Medicin
4.	Hammer August, katholisch, deutsch.	Rauschenbach (Böhmen).	1872	8 Jahre	reif	Medicin
5.	Kohn Alfred, mosaisch, deutsch.	Kolleschowitz (Böhmen).	1872	8 Jahre	reif	Medicin
6.	Kohn Karl, mosaisch, deutsch.	Weiten-trebetitsch (Böhmen).	1872	8 Jahre	reif	Medicin
7.	Leiner Karl, mosaisch, deutsch.	Flöhau (Böhmen).	1871	8 Jahre	reif	Mediciu
8.	Löbl Max, mosaisch, deutsch.	Podersam (Böhmen).	1870	8 Jahre	reif	Medicin
9.	Löwy Karl, mosaisch, deutsch.	Saaz (Böhmen).	1872	8 Jahre	reif	Medicin
10.	Mauczka Josef, katholisch, deutsch.	Neubistritz (Böhmen).	1872	8 Jahre	reif mit Auszeichnung	Jurisprudenz
11.	Sommer Max, mosaisch, deutsch.	Auval (Böhmen).	1869	9 Jahre	reif	Medicin
12.	Willomitzer Anton, katholisch, deutsch.	Kleintschernitz (Böhmen).	1869	8 Jahre	reif mit Auszeichnung	Philosophie

Schuljahr 1890—91. Zur Maturitätsprüfung im Haupttermine 1891 meldeten sich die 10 öffentlichen Schüler der Octava. Ferner wurde jenem Externisten, welchem schon mit Erl. des h. k. k. L.-Sch.-R. vom 20. April 1890, Z. 11395, die Erlaubnis gegeben worden war, sich am Staatsgymnasium in Saaz im Haupttermine 1890 einer zweiten Maturitätsprüfung zu unterziehen, diese Bewilligung mit Erl. des h. k. k. L.-Sch.-R vom 23. Jänner 1891, Z 1456, für den Haupttermin 1891 erneuert, da derselbe von der vorjährigen Bewilligung Gebrauch zu machen ausser Stande war.

Die schriftlichen Prüfungen fanden über Auftrag des hohen k. k. Landesschulrathes vom 15. März 1891, Z. 6436, in der ersten Juniwoche (am 1., 2., 3., 4. u. 5. Juni) 1891 statt. Denselben unterzogen sich die 10 öffentlichen Schüler der Octava und der vorerwähnte Externist.

Die zur Bearbeitung vorgelegten Themen waren folgende:

1. **Aus der deutschen Sprache** (als Unterrichtssprache): Welche Blätter der österreichischen Geschichte sind ein Zeugnis für die Bedeutung des Wahlspruches: „Viribus unitis"?

2. **Uebersetzung aus dem Lateinischen in's Deutsche**: Livii a. u. c. libr. II., cap. 12.

3. **Uebersetzung aus dem Deutschen in's Lateinische**: Aus Süpfle's Aufgaben zu lateinischen Stilübungen, 2. Theil (14. Auflage) Nr. 210. „Cicero's getäuschte Erwartung".

4. **Uebersetzung aus dem Griechischen in's Deutsche**: Xenophon: Kyrup. VIII. 5, 22—27 (Schenkl's Chrestomathie Cyr.: XIII. 7—12).

5. **Aus der Mathematik:**

a) Die zwei zusammengehörigen Gleichungen:

$$1. \ \sqrt[x]{243} : \sqrt[y]{3} = 81,$$

$$2. \ \sqrt[x]{4} : \sqrt[y]{0.25} = 1$$

sind nach x und y aufzulösen.

b) Zwei Kugeln mit den Radien R = 7·8 cm r = 5 cm schneiden bei einem Centralabstande d = 11·2 cm in einander ein. Wie gross ist das Volumen des gemeinsamen, linsenförmigen Theiles derselben; wie gross ist die Dicke und der Durchmesser der Linse?

c) Welche Linie wird vorgestellt durch die Gleichung:

$$3x^2 - 2xy + 3y^2 - 14x + 10y + 17 = 0;$$

wie gross sind die Hauptabmessungen der Linie und wie liegt sie gegen das rechtwinklige Coordinatensystem?

Die **mündliche** Prüfung fand (laut Erlass des hohen k. k. Landesschulrathes vom 28. April 1891, Z. 7959) am 2. und 3. Juli 1891 unter dem Vorsitze des k. k. Landesschulinspectors, Herrn Theodor Wolf, statt. Ueber das Ergebnis derselben wird im Programme pro 1892 berichtet werden.

IX. Verfügungen der vorgesetzten Behörden.

1. Gesetz vom 9. Juni 1890, betreffend die Bezüge der der bewaffneten Macht angehörigen Supplenten an Staatsmittelschulen, Lehrer- und Lehrerinnenbildungsanstalten und nautischen Schulen mit Bezug auf deren Verpflichtung zur activen Dienstleistung im stehenden Heere, in der Kriegsmarine, in der Landwehr·oder im Landsturm. (V. Bl. 1890, Nr. 41.)

2. Erlass Sr. Excellenz des Herrn k. k. Ministers für Cultus und Unterricht vom 15. Juni 1890, Z. 1079, betreffend die den activen k. k. Staats- (und k. u. k. Hof-) Bediensteten nach Einführung des Zonentarifs auf den k. k. Staatsbahnen zugestandenen Fahrbegünstigungen. (V. Bl. 1890, Nro. 42.)

4

50

3. Gesetz vom 24. Juni 1890, wirksam für das Königreich Böhmen, womit mehrere Bestimmungen des Gesetzes betreffend die Schulaufsicht vom 24. Feber 1873 (L. G. Bl. Nr. 17) abgeändert werden. (V. Bl. 1890, Nr. 44.)

4. Erlass Sr. Exc. des Herrn k. k. Ministers für Cultus und Unterricht vom 27. Juni 1890, Z. 13211, betreffend die Beeidigung der Supplenten an Staatslehranstalten. (V. Bl. 1890, Nr. 45; Erl. des h. k. k. L.-Sch.-R. vom 26. August 1890, Z. 18835, und vom 24. October 1890, Z. 31369.)

5. Erlass Sr. Exc. des Herrn k. k. Ministers für Cultus und Unterricht vom 28. Juni 1890, Z. 13521, womit die Verordnung Sr. Exc. des Herrn Ministers des Innern vom 9. Mai 1890 (R.-G.-Bl. Nr. 81) betreffend die Abänderung der Vorschriften über die Lehr- und Dienstzeit des pharmaceutischen Hilfspersonales kundgemacht wird. (V.-Bl. 1890, Nr. 46.)

6. Erlass Sr. Exc. des Herrn k. k. Ministers für Cultus und Unterricht vom 1. Juli 1890, Z. 12800, betreffend die Aenderung der Schulgeldmarken aller drei Kategorien zur Entrichtung des Schulgeldes an den Staatsmittelschulen. (V.-Bl. 1890, Nro. 48; Erl. des h. k. k. L.-Sch.-R. vom 7. August 1890, Z. 20882.)

7. Erl. des h. k. k. L.-Sch.-R. vom 12. August 1890, Z. 19503, betreffend die Beibehaltung der halben Schulgeldbefreiungen.

8. Erl. des h. k. k. L.-Sch.-R. vom 29. August 1890, Z. 21758, betreffend die Errichtung von Studentenherbergen in den Alpenländern.

9. Verordnung Sr. Exc. des Herrn k. k. Ministers für Cultus und Unterricht vom 25. Juli 1890, Z. 15000, betreffend die Einführung der musikalischen Normalstimmung. (V.-Bl. 1890, Nro. 50; Erl. des h. k. k. L.-Sch.-R. vom 2. September 1890, Z. 22944.)

10. Erl. Sr. Exc. des Herrn k. k. Ministers für Cultus und Unterricht vom 9. October 1890, Z. 1482, betreffend die für in Uniform erscheinende Staatsbeamte vorgeschriebene Ehrenbezeigung beim Empfange Sr. Majestät. (V.-Bl. 1890, Nr. 57.)

11. Erl. Sr. Exc. des Herrn k. k. Ministers für Cultus und Unterricht vom 15. September 1890, Z. 19097, betreffend die Förderung der körperlichen Ausbildung der Jugend an den staatlichen und an den mit dem Oeffentlichkeitsrechte beliehenen Mittelschulen. (V.-Bl. 1890, Nro. 58; Erl. des h. k. k. L.-Sch-R. vom 12. November 1890, Z. 27566.)

12. Erl. des h. k. k. L.-Sch.-R. vom 30. October 1890, Z. 29993, worin der Wortlaut der Bemerkung auf den Zeugnissen jener Abiturienten bekannt gegeben wird, welche sich bei der schriftlichen Maturitätsprüfung eines Vergehens im Sinne des § 81, Punkt 9 des Org. Entw. und des Punktes 2, lit. 6 der h. Min.-Verord. vom 28. April 1885, Z. 7553 (V.-Bl. 1885, Nr. 24) schuldig gemacht haben.

13 Erlass Sr. Exc. des Herrn k. k. Ministers für Cultus und Unterricht vom 5. November 1890, Z. 2130 zur Durchführung der Verordnung des Gesammtministeriums vom 20. October 1889 (R.-G.-Bl. Nr. 176), mit welcher eine neue Vorschrift über die Uniformierung der k. k. Staatsbeamten erlassen wird. (V.-Bl. 1890, Nro. 66.)

14. Erl. des h. k. k. L.-Sch.-R. vom 29. December 1890, Z. 37251, betreffend die Schulgeldbefreiung freiwilliger Repetenten.

15. Erl. des h. k. k. L.-Sch.-R. vom 7. Jänner 1891, Z. 37431 (ai. 1890), demzufolge die Abiturienten der Mittelschulen ganz allgemein anzu-

weisen sind, sich mit den Bestimmungen der für die Immatriculation an Hochschulen geltenden Vorschriften rechtzeitig vertraut zu machen.

16. Erl. des h. k. k. L.-Sch.-R. vom 26. Feber 1891, Z. 4666, demzufolge 1) Schüler von dem Besuche des relativ-obligaten Unterrichtes in der böhmischen Sprache, für welchen sie angemeldet wurden, während eines Semesters nicht enthoben werden können, 2) betreffs der eigentlichen Freifächer Entbebungen während des Semesters bezüglich des Gesanges nur wegen Mutierens der Stimme, ferner bezüglich des Zeichnens und Turnens nur aus Gesundheitsrücksichten auf Grund staatsärztlicher Zeugnisse stattfinden dürfen.

17. Erl. des h. k. k. L.-Sch.-R. vom 28. März 1891, Z. 7029, betreffend die Anwendung der Uniformierungsvorschrift auf geistliche Mitglieder des Staatslehrpersonales und auf beeidete Supplenten.

18. Erl. des h. k. k. L.-Sch.-R. vom 6. Juni 1891, Z. 12968, mit welchem bekannt gegeben wird, dass die mit dem Wintersemester 1891-92 in die Wiener Universität neu eintretenden sowie die von andern Universitäten an diese Hochschule übertretenden ordentlichen Studierenden nebst den sonstigen Documenten dem betreffenden Decanate eine neu aufgezogene Photographie (Kopf- oder Brustbild) in Visitkartenformat zu übergeben haben, mit welcher fortan die zur Eintragung der Vorlesungen und der Frequenzbestätigungen bestimmten Meldungsbücher versehen sein müssen. Das Gleiche gilt für die a. o. Hörer der Pharmacie an der Wiener Universität.

X. Chronik.

1. Am 31. Juli 1890 wurde die Vermählung Ihrer Kais. Hoheit der Durchlauchtigsten Frau Erzherzogin Marie Valerie mit Seiner Kais. Hoheit dem Durchlauchtigsten Herrn Erzherzoge Franz Salvator durch Festgottesdienst sowohl in der Decanalkirche als auch im Tempel der isr. Cultusgemeinde in Saaz gefeiert. Dem Gottesdienste im Tempel wohnte der Director, dem in der Decanalkirche nebst dem Director die k. k. Professoren Herm. Weisser und Jos. Merten bei. Nach diesem Gottesdienste begaben sich die genannten Mitglieder des Lehrkörpers in das Bureau des k. k. Statthaltereirathes und Bezirkshauptmannes Herrn Theodor Blaschek, um denselben zu bitten, die ehrerbietigsten Glückwünsche des Saazer k. k. Gymn.-Lehrkörpers im Wege des hohen k. k. Statthalterei-Präsidiums an die Stufen des Allerhöchsten Thrones leiten zu wollen. — Die Schüler der Anstalt waren vor ihrer Entlassung am Schlusse des Schuljahres 1890 aufgefordert worden, am 31. Juli in frommem Gebete den Segen des Himmels für unser erhabenes Herrscherhaus zu erflehen.

2. Am 18. August 1890, dem hohen Geburtsfeste **Sr. Majestät unseres Allergnädigsten Kaisers Franz Joseph I.**, wohnten die in Saaz anwesenden Mitglieder des Lehrkörpers dem aus diesem Anlasse in der Decanalkirche celebrierten feierlichen Gottesdienste bei.

3. Am 4. October 1890, dem hohen Namensfeste **Seiner Majestät unseres Allergnädigsten Kaisers Franz Joseph I.** fand um 8 Uhr für die katholischen Schüler der Anstalt in der Decanalkirche ein feierlicher Gottesdienst statt, welcher mit der Absingung der Volkshymne geschlossen wurde. Um 10 Uhr betheiligte sich der Lehrkörper an dem aus demselben Anlasse in der Kirche der P. P. Kapuziner abgehaltenen feierlichen Gottesdienste.

4. Am 19. November 1890, dem hohen Namensfeste **Ihrer Majestät unserer Allergnädigsten Kaiserin Elisabeth**, wohnten der Lehrkörper und die kathol. Schüler der Anstalt einem um 8 Uhr in der Decanalkirche celebrierten feierlichen Gottesdienste bei, welcher mit der Absingung der Volkshymne geschlossen wurde. — Da dieser Tag gesetzlicher Ferialtag ist, so wurde die statutenmässige Sammlung freiwilliger Beiträge der Schüler für die Schülerlade der Anstalt am 20. November 1890 vorgenommen.

5. Ueber die Bewegung im Lehrkörper und sonstige Vorkommnisse in demselben ist folgendes zu berichten:

a) Da der Gesundheitszustand des seit 1. April 1890 für die Dauer des Schuljahres 1889—90 beurlaubten k. k. Professors Josef Blasig sich nicht in dem Grade gebessert hatte, dass eine Wiederaufnahme der Unterrichtsthätigkeit möglich gewesen wäre, so wurde demselben mit Erl. Sr. Exc. des Herrn Ministers für Cultus und Unterricht vom 7. September 1890, Z. 18155 (Erl. des h. k. k. L.-Sch.-R. vom 25. September 1890, Z. 26380) ein neuerlicher Urlaub für die Dauer des 1. Semesters des Schuljahres 1890—91 bewilligt. Zugleich wurde der seit 18. April 1890 als Vertreter des beurlaubten k. k. Professors Jos. Blasig an der Anstalt in Verwendung stehende suppl. k. k. Gymn.-Lehrer Georg Bruder für die Dauer des 1. Sem. 1890—91 in seiner bisherigen Verwendung belassen. Aber auch während des für das 1. Sem. 1890—91 gewährten Urlaubes war in dem Gesundheitszustande des k. k. Professors Josef Blasig keine so entschiedene Wendung zum Besseren eingetreten, dass derselbe im 2. Semester wieder hätte den Dienst antreten können. In Erledigung eines neuerlichen Gesuches desselben um Verlängerung des Urlaubes für die Dauer des 2. Semesters 1890—91 eröffnete der hohe k. k. Landesschulrath mit Erlass vom 1. März 1891, Z. 3959, dass Se. Exc. der Herr k. k. Minister für Cultus und Unterricht zufolge der mit Allerhöchster Entschliessung vom 31. Jänner 1891 allergnädigst ertheilten Ermächtigung laut des hohen Erlasses vom 5. Februar 1891, Z. 2178, sich bestimmt gefunden habe, diesen neuerlichen Urlaub zu bewilligen, in Folge wessen der suppl. k. k. Gymn.-Lehrer Georg Bruder auch im 2. Sem. 1890—91 in der bisherigen Verwendung zu bleiben habe.

b) Dem Hilfslehrer für mos. Religion, Rabbiner Dr. Bärwald, wurde mit Erl. des h. k. k. L.-Sch.-R. vom 12. October 1890, Z. 27178, wegen seiner tief erschütterten Gesundheit ein Urlaub für die Zeit vom 8. bis 31. October 1890 ertheilt. An diesen schloss sich ein weiterer Urlaub für den Monat November 1890, welchen der h. k. k. L.-Sch.-R. mit Erlass vom 4. December 1890, Z. 33065, gewährt hatte. Leider war die Wirkung dieser Urlaube nicht die gewünschte. Trotzdem nahm Rabbiner Dr. Bärwald mit Beginn des Monates December den Unterricht an der Anstalt wieder auf, da er sich nicht entschliessen konnte, am Gymnasium eine Substituierung seiner Person eintreten zu lassen, wie er sie bereits bezüglich seiner Unterrichtsverpflichtung an der deutschen Volks- und Bürgerschule hatte eintreten lassen müssen. So kam denn Rabbiner Dr. Bärwald, mit staunenswerther Willenskraft die körperliche Hinfälligkeit überwindend, während des Monates December unter verhältnismässig seltenen Unterbrechungen seiner Lehrverpflichtung nach. Die Ruhepause während der Weihnachtsferien brachte dem Schwererkrankten leider rapiden Kräfteverfall und am 3. Jänner 1891 erlag er, im 37. Lebensjahre stehend, seinem schweren Leiden.

Rabbiner Dr. Bärwald war am 9. Februar 1854 zu Nakel in der preussischen Provinz Posen geboren, · hatte die Gymnasial-Studien in Lissa (Posen) gemacht, dann die Universität und das Rabbiner-Seminar in Breslau besucht und daselbst das Diplom eines Doctors der Philosophie und eines Rabbiners erworben. Seit April 1877 hatte er als Lehrer an den Religionsschulen der isr. Gemeinde in Breslau gewirkt. Nach dem mit Ende des Schuljahres 1880—81 erfolgten Abgange des Rabbiners der Saazer isr. Cultusgemeinde, Dr. Siegmund Maybaum, nach Berlin wurde Dr. Aron Bärwald zum Rabbiner der Saazer isr. Cultusgemeinde gewählt und übernahm vom Beginne des Schuljahres 1881/2 angefangen den Unterricht in der mosaischen Religion am Saazer Staatsgymnasium. Nachdem er laut Zuschrift der k. k. Bezirkshauptmannschaft Saaz de dato 10. December 1881, Z. 11256, das österr. Staatsbürgerrecht erlangt hatte, wurde er mit Erl. des h. k. k. L.-Sch.-R. vom 14. August 1882, Z. 15053, als Hilfslehrer für mosaische Religion am Saazer Staatsgymnasium bestätiget, in welcher Eigenschaft er bis zu seinem Tode mit regstem Pflichteifer und erfreulichstem Erfolge wirkte. — Die Veranstaltung der Leichenfeier des Dahingeschiedenen, den eine jugendliche Gattin und drei Kinder beweinten, übernahm in pietätvoller Würdigung der hohen Verdienste des Verblichenen die isr. Cultusgemeinde in Saaz. Das k. k. Staatsgymnasium gab seiner Trauer um den wackeren Mitarbeiter an dem Erziehungswerke durch das Aushängen einer Trauerfahne am Gymnasialgebäude und durch den Beschluss Ausdruck, dass der gesammte Lehrkörper und die gesammte Schülerschaft sich an der Leichenfeier in der Art betheilige, dass eine Abordnung des Lehrkörpers mit den Schülern mosaischer Confession an der Trauerfeier im Tempel, der Gesammtlehrkörper aber und die gesammte Schülerschaft an dem Leichenzuge und der Beerdigung ·theilnehme. — Die Trauerfeier begann am 6. Jänner um 2 Uhr nachmittag im Tempel der isr. Cultusgemeinde Saaz. An derselben nahmen Abordnungen aller Behörden, Aemter, Schulen, Corporationen und Vereine theil. Der Studiengenosse und Freund des Verblichenen, Herr Dr. Gotthard Deutsch, Rabbiner der isr. Cultusgemeinde in Brüx, wie auch andere Amtsgenossen des Verstorbenen gaben in tiefempfundenen Worten der aufrichtigen Trauer um den so früh Dahingeschiedenen ergreifenden Ausdruck, worauf der Leichenzug unter ungemein zahlreicher Betheiligung sich in Bewegung setzte. Auf dem Friedhofe widmete der Vorsteher der tieftrauernden isr. Cultusgemeinde Saaz, Herr Dr. David Löwi, Landesadvocat in Saaz, dem Verblichenen und dessen segensreichem Wirken einen ehrenden Nachruf. ·

Nach dem Ableben des Rabbiners Dr. A. Bärwald wurde behufs Wiederaufnahme eines regelmässigen Religionsunterrichtes für die Gymnasialschüler mos. Confession zwischen dem Vorsteher der isr. Cultusgemeinde Saaz, Herrn Dr. David Löwi, und dem Berichterstatter die Vereinbarung getroffen, dass der Rabbiner der isr. Cultusgemeinde Brüx, Herr Dr. Gotthard Deutsch, den Unterricht der 3. und 4. Abth. in 4 wöchentlichen Stunden, ferner der Cantor der Saazer isr. Cultusgemeinde, Herrn Josef Koch, den Unterricht der 1. und 2. Abth. ebenfalls in 4 wöchentlichen Stunden übernahm. Diese Vereinbarung wurde mit dem Erl. des h. k. k. L.-Sch.-R. vom 9. Feber 1891, Z. 2712, für die Dauer des Schuljahres 1890—91 genehmigt.

c) Gleich zu Beginn des 2. Semesters erkrankte Herr Professor Josef Merten, so dass dessen Lehrfächer, so weit thunlich, bis 24. März suppliert werden mussten. Mit Anfang April konnte derselbe seine Lehrthätigkeit wohl wieder aufnehmen, doch musste demselben über ärztliche Anordnung eine Erleichterung in seiner Stundenzahl verschafft werden. Dies geschah dadurch, dass der Unterricht in Stenographie für das 2. Semester eingestellt und der Unterricht in der französischen Sprache (in 3 wochentlichen Stunden) von Herrn Prof. Joh. Lipp übernommen wurde, der übrigens dieses Lehrfach bereits seit Anfang März suppliert hatte. Der hohe k. k. L.-Sch.-R. genehmigte diese Verfügung mit dem Erl. vom 9. Mai 1891, Z. 8266.

d) Mitte August 1890 schied von Saaz der Katechet der Saazer Volks- und Bürgerschule, Weltpriester Adolf Lumpe, um die Administration der kath. Pfarrei in Haida zu übernehmen. Herr Adolf Lumpe hatte seit 1. October 1880 als 2. Exhortator des Staatsgymnasiums in Saaz fungiert.

6. Am 3. November 1890 starb in seinem 78. Lebensjahre Herr Med.-Dr. Hubert Titlbach, prakt. Arzt in Saaz, Ritter des Franz Joseph-Ordens, Ehrenbürger der Stadt Saaz und emerit. Bürgermeister derselben, emerit. Landtagsabgeordneter und Bezirksobmann etc. Da der Verstorbene in der Zeit vom Juli 1878 bis Juni 1880 um die Reactivierung des Saazer Gymnasiums als Staatsanstalt sich besondere Verdienste erworben hatte, da derselbe ferner durch eigene Beiträge und durch die Gewinnung anderer Gönner sowie durch die umsichtige Verwaltung der eingeflossenen Beiträge und weitere besondere Mühewaltung das Inslebentreten der an der Anstalt bestehenden „Deutschen Titlbach-Kaiser'schen Studentenstiftung" in dankenswerthester Weise gefördert hatte, so gab die Anstalt ihrer dankbaren Gesinnung dadurch Ausdruck, dass der Lehrkörper und die Schüler sich am 5. November 1890 an dem Leichenbegängnisse des Dahingeschiedenen betheiligten.

7. Mit dem hohen Erlasse Sr. Exc. des Herrn k. k. Ministers für Cultus und Unterricht vom 11. December 1890, Z. 2237 (Erl. des h. k. k. L.-Sch.-R. vom 22. December 1890, Z. 37254), war über Anregung des Vorstandes der „Grillparzer-Gesellschaft in Wien" die Abhaltung eines schulmässigen Gedächtnis-Festes zur Saecular-Feier der Geburt Grillparzers an den Mittelschulen mit deutscher Unterrichtssprache gestattet worden. Das für dieses Gedächtnis-Fest vom Lehrkörper entworfene Programm wurde vom h. k. k. Landesschulrathe genehmigt. Demgemäss fand die Feier am 15. Jänner 1891 um 10 Uhr vormittags statt und zwar unter Betheiligung des Lehrkörpers, der Schüler der 5.—8. Classe und einer Abtheilung der Gesangschüler der Anstalt. Eröffnet wurde dieselbe mit dem gemischten Chor: „Oesterreicher-Lied" von F. Neumann. Dann folgte ein Vortrag des Herrn Professors Joh. Lang über Grillparzer, in welchem besonders die hochsinnige und munificente Förderung betont wurde, welche Seine kais. und königl. Apostolische Majestät unser Allergnädigster Kaiser Franz Joseph I. dem vaterländischen Dichter angedeihen zu lassen geruhten. Daran schloss sich der Vortrag des Grillparzer'schen Gedichtes „Dem Vaterland" durch den Octavaner Hugo Löwy, sowie der gemischte Chor von H. Fiby: „Mein Vaterland, mein Oesterreich". Abgeschlossen wurde die Feier nach einigen überleitenden Worten des Directors mit der Absingung der Volkshymne. — Die gemischten Chöre hatte der Gesanglehrer Herr W. Hahnl eingeübt; da derselbe aber am 15. Jänner nicht dienstfrei war, so hatte Herr Prof. Joh. Girlinger die Güte, bei der Feier selbst die gemischten Chöre und die Volkshymne zu dirigieren.

8. Am 22. März 1891 langte der k. k. Landesschulinspector Herr Theodor Wolf in Saaz ein und widmete den 23. u. 24. März, sowie den Vormittag des 25. März der Inspection der Anstalt.

9. Am 30. Juni 1891 betheiligte sich der gesammte Lehrkörper mit den kath. Schülern der Anstalt an dem feierlichen Empfange Sr. Gnaden des hochwürdigsten Bischofs von Leitmeritz, Herrn Dr. Emanuel Johann Schöbel. Nach dem der Ankunft des hochwürdigsten Herrn Bischofs folgenden kirchlichen Officium hatte der Lehrkörper die Ehre, Seiner bischöflichen Gnaden in der Dechantei seine Aufwartung zu machen. Am 1. Juli empfingen 79 Schüler das heil. Sacrament der Firmung.

10. Die Einschreibungen neu eintretender Schüler der I. Classe fanden im 1. Termine am 15. Juli 1890, im 2. Termine am 15. u. 16. September 1890 statt; die Aufnahmsprüfungen dieser Schüler wurden am 16. Juli, beziehungsweise am 17. September 1890 vorgenommen. Die Einschreibungen der übrigen Schüler erfolgten vom 15.—17. Septbr. 1890. Am 17. Septbr. 1890 wurden die Wiederholungsprüfungen abgehalten. Am 18. September 1890 wurde das Schuljahr 1890—91 mit dem Veni-Sancte-Hochamte eröffnet und die Eröffnungsconferenz abgehalten. An demselben Tage theilten die Herren Classenvorstände den Schülern die Disciplinarordnung mit den erforderlichen Erläuterungen sowie die Stundeneintheilung mit, worauf am 19. September der Obligat-Unterricht begann. Der Unterricht in den Freifächern wurde am 22. September eröffnet. Das I. Semester wurde am 14. Februar 1891 mit der Ausfolgung der Semestralzeugnisse geschlossen. Für das II. Semester begann der Obligat-Unterricht am 18., der Unterricht in den Freifächern am 20. Februar. Der Schluss des Schuljahres 1891 erfolgte am 15. Juli 1891 mit einem feierlichen Hochamte, Te Deum und Absingung der Volkshymne, worauf den Schülern die Semestralzeugnisse übergeben wurden.

11. Die religiösen Uebungen für die kathol. Schüler bestanden ausser der heil. Messe an Sonn- und Feiertagen in feierlichem Gottesdienste am Beginne und am Schlusse des Schuljahres, am 4. October und am 19. November 1890. Ferner wohnten diese Schüler der heil. Messe bei am Allerseelentage, am 23. Mai (Octave des Festes des heil. Johannes von Nepomuk) und am 21., 22. und 23. Juni (anlässlich der in das Jahr 1891 fallenden Centennarfeier des heil. Aloisius). Auch an der Frohnleichnamsprocession nahmen die kath. Schüler und der Lehrkörper theil. Ueberdies empfingen die katholischen Schüler am 27. und 28. September 1890, am 22. und 23. März und am 27. und 28. Juni 1891 die heiligen Sacramente der Busse und des Altars. — Die Schüler mosaischer Confession wohnten an jedem Freitag dem Abendgottesdienste und an ihren hohen Festtagen dem Vormittagsgottesdienste bei. — Auch die Schüler evangelischer Religion A. C. betheiligten sich an dem jeweilig in Saaz abgehaltenen Gottesdienste ihrer Confession.

XI. Förderung der körperlichen Ausbildung der Jugend.

Im Sinne des hohen Erlasses Sr. Exc. des Herrn k. k. Ministers für Cultus und Unterricht vom 15. September 1890, Z. 19097 (Erl. d. h. k. k. L.-Sch.-R. vom 12. Novbr. 1890, Z. 27566), wurde zunächst am 16. December 1890 die in dem citierten hohen Erlasse angeordnete Conferenz des Lehrkörpers, welcher auch der Turnlehrer der Anstalt beigezogen war, abgehalten und das Protokoll derselben an den h. k. k. L.-Sch.-R. geleitet. Weiter wurde der citierte hohe Minist.-Erlass abschriftlich an das löbl. Bürgermeisteramt der k. Stadt Saaz mit der Bitte geleitet, der Anstalt in der Durchführung dieser Anordnungen der obersten Unterrichtsbehörde wohlwollende Unterstützung angedeihen zu lassen.

Mit Rücksicht auf die Jahreszeit wendete sich sodann der Director an den verehrlichen deutschen Turnverein in Saaz mit der Bitte, derselbe wolle auf dem von ihm, beziehungsweise von seinem Vergnügungscomité eingerichteten und beaufsichtigten Schleifplatze den Schülern der Anstalt Begünstigungen einräumen. Diesem Ansuchen wurde in der zuvorkommendsten Weise dahin entsprochen, dass 1. der Preis für eine Saisonkarte für die Schüler der Anstalt auf die Hälfte, d. i. auf 1 fl. 25 kr. ermässigt und 2. für unbemittelte Schüler, welche vorzuschlagen dem Lehrkörper überlassen wurde, 54 Freikarten für die Schleifsaison 1890—91 zur Verfügung gestellt wurden.

Gegen Ende des Winters 1890—91 bildete sich in Saaz ein Comité zur Errichtung einer neuen Schwimm- und Badeanstalt, dessen Streben eine so erfreuliche Würdigung und Unterstützung fand, dass die Errichtung dieser Anstalt bald als gesichert betrachtet werden konnte. Auch dieses Comité kam einem bezüglichen Ansuchen des Unterzeichneten mit dem erfreulichsten Wohlwollen entgegen. Es setzte nämlich für Schüler der Anstalt, welche bereits Freischwimmer sind oder blos im Bassin baden wollen, den Abonnementspreis für die ganze Saison auf 3 fl., für die halbe Saison (d. i. für die Zeit bis 15. Juli, oder vom 16. Juli ab) auf 2 fl., für ein Einzelbad auf 8 kr. herab. Ausserdem gewährte dasselbe für die ganze Saison 1891 fünf Freikarten für Schwimmunterricht und 20 Freikarten für Freischwimmer oder solche Schüler, welche bloss im Bassin baden wollen. Diese Freikarten verwendete der Lehrkörper so, dass einem ortsangehörigen Schüler der 7. Classe eine Freikarte für Schwimmunterricht während der ganzen Saison zugewiesen wurde; an den 4 übrigen Freikarten participieren je 4 auswärtige und ortsangehörige Schüler und zwar die ersteren für die Zeit bis 15. Juli, die letzteren vom 16. Juli ab. In gleicher Weise wurden die anderen 20 Freikarten für die Zeit bis 15. Juli auswärtigen, für die Zeit vom 16. Juli an ortsangehörigen Schülern zugewiesen.

Auch aus der Schülerlade der Anstalt wurde für je 2 auswärtige und ortsangehörige Schüler das Honorar für den Schwimmunterricht, ferner für 2 auswärtige Schüler der Abonnementspreis für Benützung der Schwimmschule bis 15. Juli 1891 gezahlt.

Ueberdies übersendete die löbl. Centralleitung der deutschen Studentenherbergen in Hohenelbe über Ansuchen der Direction zur Vertheilung an würdige Schüler der Oberclassen 8 Stück Legitimationen für Besucher der deutschen Studentenherbergen innerhalb des von der genannten Centralleitung vertretenen Gebietes. Ebenso dürften einzelne Abiturienten der Anstalt von den durch den löblichen Central-Ausschuss des Deutschen und Oesterreichischen Alpenvereines angebotenen Begünstigungen Gebrauch machen.

Mit Jugendspielen konnte bei den besonderen localen Verhältnissen im Schulj. 1891 noch nicht begonnen werden; doch wurden wenigstens im Turnunterrichte entsprechende Spiele eifrig gepflegt und kann wohl gehofft werden, dass auch dieser Seite der hohen ministeriellen Anordnung vom Schuljahr 1892 an werde Rechnung getragen werden können.

XII. Statistik der Schüler.

	I	II	III	IV	V	VI	VII	VIII	Zusammen
1. Zahl.									
Zu Ende 1889–90	44	31	32	23	15	11	8	15	**179**
Zu Anfang 1890—91	45	39	32	23	16	13	9	10	**187**
Während des Schuljahres eingetreten .	—	—	—	—	1	—	—	—	1
Im Ganzen also aufgenommen	45	39	32	23	17	13	9	10	**188**
Neu aufgenommen, u. zw. aufgestiegen	40	2	1	—	2	1	—	—	46
Repetenten	—	—	—	—	—	—	—	1	1
Wieder aufgenommen, u. zw. aufgestiegen	—	35	27	23	15	12	9	8	120
Repetenten	5	2	4	—	—	—	—	1	12
									188
Während des Schuljahres ausgetreten .	11	3	2	—	1	1	—	—	18
Schülerzahl am Ende des Schuljahres 1890–91	34	36	30	23	16	12	9	10	**170**
Darunter:									
Oeffentliche	34	34	30	23	16	12	9	10	168
Privatisten	—	2	—	—	—	—	—	—	2
2. Geburtsort (Vaterland).									
Saaz	16	8	17	7	5	3	4	4	64
Böhmen (ausser Saaz)	17	28	12	16	9	9	3	5	99
Nieder-Oesterreich	—	—	1	—	1	—	1	1	4
Mähren	1	—	—	—	—	—	1	—	2
Bayern	—	—	—	—	1	—	—	—	1
Summe . . .	34	36	30	23	16	12	9	10	170
3. Muttersprache.									
Deutsch	31	32	28	23	15	11	9	10	159
Čechoslavisch	3	4	2	—	1	1	—	—	11
Summe . . .	34	36	30	23	16	12	9	10	170
4. Religionsbekenntnis.									
Kathol. des lat. Ritus	19	20	14	13	8	10	2	4	90
Evangelisch A. C.	—	—	—	1	1	—	—	—	2
Israelitisch	15	16	16	9	7	2	7	6	78
Summe . . .	34	36	30	23	16	12	9	10	170
5. Lebensalter.									
11 Jahre	13	—	—	—	—	—	—	—	13
12 Jahre	8	12	—	—	—	—	—	—	20
13 Jahre	10	12	9	—	—	—	—	—	31

	I.	II.	III.	IV.	V.	VI.	VII.	VIII.	Zusammen
14 Jahre	2	9	16	4	1	—	—	—	32
15 Jahre	—	3	3	8	4	1	—	—	19
16 Jahre	1	—	2	7	8	3	2	—	23
17 Jahre	—	—	—	4	1	5	5	—	15
18 Jahre	—	—	—	—	2	1	1	2	6
19 Jahre	—	—	—	—	—	2	1	4	7
20 Jahre	—	—	—	—	—	—	—	3	3
21 Jahre	—	—	—	—	—	—	—	1	1
Summe . . .	34	36	30	23	16	12	9	10	170

6. Nach dem Wohnorte der Eltern:

	I.	II.	III.	IV.	V.	VI.	VII.	VIII.	Zusammen
Ortsangehörige	23	19	21	13	6	5	6	8	100
Auswärtige	11	17	9	11	10	7	3	2	70
Summe . . .	34	36	30	23	16	12	9	10	170

7. Classification.

a) zu Ende des Schuljahrs 1890/91

	I.	II.	III.	IV.	V.	VI.	VII.	VIII.	Zusammen
Erste Fortgangsclasse mit Vorzug	3	8^2	4	6	3	4	1	3	32^2
Erste Fortgangsclasse	21	21	22	15	10	7	8	6	110
Zu einer Wiederholungsprüfung zugelassen	—	3	—	1	1	1	—	—	6
Zweite Fortgangsclasse	6	2	4	1	1	—	—	1	15
Dritte Fortgangsclasse	4	—	—	—	—	—	—	—	4
Zu einer Nachtragsprüfung krankheitshalber zugelassen	—	—	—	—	1	—	—	—	1
Ausserordentliche Schüler	—	—	—	—	—	—	—	—	—
Summe . . .	34	34^2	30	23	16	12	9	10	168^2

b) Nachtrag zum Schuljahre 1889/90.

	I.	II.	III.	IV.	V.	VI.	VII.	VIII.	Zusammen
Wiederholungsprüfungen waren bewilligt	2	—	—	—	—	—	—	—	2
Entsprochen haben	2	—	—	—	—	—	—	—	2
Nicht entsprochen haben	—	—	—	—	—	—	—	—	—
Nicht erschienen sind	—	—	—	—	—	—	—	—	—
Nachtragsprüfungen waren bewilligt	—	—	1	—	—	—	—	—	1
Entsprochen haben	—	—	—	—	—	—	—	—	—
Nicht erschienen sind	—	—	1	—	—	—	—	—	1
Darnach ist das Endergebnis pro 1889/90 :									
Erste Fortgangsclasse mit Vorzug	10^3	9	7	4	5	3	3	3	44^3
Erste Fortgangsclasse	24	19	20	16	8	8	5	9	109
Zweite Fortgangsclasse	4	2	4	3	2	—	—	3	18

	I.	II.	III.	IV.	V.	VI.	VII.	VIII.	Zusammen
C L A S S E									
Dritte Fortgangsclasse	3	1	—	—	—	—	—	—	4
Ungeprüft blieben	—	—	1	—	—	—	—	—	1
Summe . .	41⁹	31	32	23	15	11	8	15	176³

8. Geldleistungen der Schüler.

Das Schulgeld zu zahlen waren verpflichtet:

	I.	II.	III.	IV.	V.	VI.	VII.	VIII.	Zusammen
im 1. Semester	32	24	24	12	5	7	6	9	119
im 2. Semester	26	21	21	13	11	8	6	9	115
Zur Hälfte waren befreit:									
im 1. Semester	—	—	—	2	1	—	—	—	3
im 2. Semester	—	—	—	2	1	—	—	—	3
Ganz befreit waren :									
im 1. Semester	9	16	8	11	11	6	3	1	65
im 2. Semester	10	15	10	10	5	5	3	1	59
Das Schulgeld betrug im Ganzen:									
im 1. Semester ö. W. fl .	480	360	360	165	675	105	90	135	1762·5
im 2. Semester ö. W. fl.	390	315	315	180	157·5	120	90	135	1702·5
Zusammen . . .	870	675	675	345	225	225	180	270	3465
Die Aufnahmstaxen betrugen fl.	84	6·3	2·1	—	2·1	2·1	—	2·1	98·7
Die Lehrmittelbeiträge betrugen fl.	45	39	32	23	17	13	9	10	188
Taxen für 5 Stück Gymnasial-Zeugnis-Duplicate à 2 fl. ö. W.	—	—	—	—	—	—	—	—	10
Summe . . .	129	45·3	34·1	23	19·1	15·1	9	12·1	296·7

9. Besuch des Unterrichtes in den relativ-obligaten und nicht obligaten Gegenständen.

	I.	II.	III.	IV.	V.	VI.	VII.	VIII.	Zusammen
Zweite Landessprache 1. Abth. .	14	5	1	—	—	—	—	—	20
„ „ 2. „ .	1	8	3	—	—	—	—	—	12 } 50
„ „ 3. „ .	—	—	4	8	—	—	—	—	12
„ „ 4. „ .	—	—	—	1	3	1	—	1	6
Kalligraphie 1. Abth.	34	—	—	—	—	—	—	—	34 } 68
„ 2. „ .	—	34	—	—	—	—	—	—	34
Freihandzeichnen 1. Abth. . . .	8	1	—	—	—	—	—	—	9
„ 2. „ . . .	—	11	—	—	—	—	—	—	11 } 42
„ 3. „ . . .	—	2	7	9	1	2	—	1	22
Turnen 1. Abth.	21	13	—	—	—	—	—	—	34
„ 2. „ . . .	—	7	14	3	—	—	—	—	24 } 71
„ 3. „ . . .	—	—	4	2	1	6	—	—	13
Gesang 1. Abth.	12	2	—	—	—	—	—	—	14 } 81
„ 2. „	2	14	17	12	8	7	5	2	67

	CLASSE								
	I	II	III	IV	V	VI	VII	VIII	Zusammen
Stenographie (Cursus für Vorgerücktere) bis 24. März	—	—	—	—	—	—	5	3	—	8
Französische Spr. 1. Abth.	—	—	—	18	1	—	—	—	19 } 28
„ „ 2. „	—	—	—	—	2	2	2	3	9
10. Stipendien.									
Anzahl der Stipendien	—	—	2	1	1	1	1	—	6
			10						
Gesammtbetrag der Stipendien ö. W. fl.	—	—	55 86,84.88,100,42					—	379·86

XIII. Verzeichnis

der Schüler des Staats-Obergymnasiums in Saaz im Schuljahre
1890—91.

(Die Namen der im Laufe des Schuljahres Abgegangenen sind mit * bezeichnet; die Namen der Vorzugsschüler sind mit fetter Schrift gedruckt.)

VIII. Classe.

1. Epstein Robert, geb. aus Wien.
2. Glaser Karl, geb. aus Saaz.
3. Kohn Karl, geb. aus Saaz.
4. **Löbl** Friedrich, geb. aus Liebeschitz.
5. Löwy Berthold, geb. aus Saaz.
6. **Löwy** Hugo, geb. aus Saaz.
7. Rössler Constantin, geb. aus Tuschkau.
8. Schöniger Edmund, geb. aus Groschau.
9. **Thoma** Johann, geb. aus Thomigsdorf.
10. Wiesender Friedr., geb. aus Oberklee.

VII. Classe.

1. Doberauer Emil, geb. aus Theussau.
2. Dopita Franz, geb. aus Saaz.
3. Erber Simon, geb. aus Ung.-Ostra (Mähren).
4. Margolius Heinr., geb. aus Saaz.
5. May Leopold, geb. aus Kleinbarchov.
6. Nathansky Alfred, geb. aus Wien.
7. Rindskopf Wilhelm, geb. aus Tuchorschitz.
8. Schermer Karl, geb. aus Saaz.
9. **Singer** Heinrich, geb. aus Saaz.

VI. Classe.

1. *Berzáczy Alexander, geb. aus Michelob.
2. **Doberauer** Gustav, geb. aus Theussau.
3. Eisenstein Josef, geb. aus Michelob.
4. Fuhrmann Rudolf, geb. aus Karbitz.
5. Hering Johann, geb. aus Neudau.
6. Hollub Heinrich, geb. aus Saaz.
7. **Lill** Franz, geb. aus Lichtenstadt.
8. Ludwig Julius, geb. aus Kriegern.
9. Luksch Josef, geb. aus Saaz.
10. Stowasser Alfr., geb. aus Elbogen.
11. Wambach Karl, geb. aus Saaz.
12. **Willomitzer** Karl, geb. aus Komotau.
13. **Zentner** Ernst, geb. aus Kriegern.

V. Classe.

1. **Fried** Alois, geb. aus Laschowitz.
2. **Gross** Emanuel, geb. aus Saaz.
3. Held Joh. Georg, geb. aus Michelau (Bayern).
4. Hild Ferd., geb. aus Kaunowa.
5. *Hirsch Ernst, geb. aus Kaaden.
6. Klauber Oskar, geb. aus Postelberg.
7. Koch Gabriel, geb. aus Wien.
8. Lang Josef, geb. aus Waltsch.
9. **Löwy** Otto, geb. aus Saaz.
10. Mik Ernst, geb. aus Saaz.
11. Pollak Otto, geb. aus Saaz.
12. Rodt Josef, geb. aus Neutöplitz.
13. Rosenbaum Siegf., geb. aus Saaz.
14. Rust Franz, geb. aus Gross-Holletitz.
15. Strohschneider Friedrich, geb. aus Podersam.
16. Urban Anton, geb. aus Welletschin.
17. Wild Edmund, geb. aus Sirbitz.

IV. Classe.

1. Bernardin Karl, geb. aus Saaz.
2. **Diener** Emil, geb. aus Dollanka.
3. Fischer Max, geb. aus Chiesch.
4. Goldschmidt Arthur, geb. aus Hohenelbe.
5. Herrmann Oskar, geb. aus Liebotschan.
6. Ingrisch Franz, geb. aus Twerschitz.
7. Kahn Gustav, geb. aus Laun.
8. **Keller** Josef, geb. aus Brüx.
9. **Krotsch** Karl, geb. aus Kriegern.
10. Lanzenberger Gustav, geb. aus Pürstein.
11. Löwy Moriz, geb. aus Welmschloss.
12. Matoušek Anton, geb. aus Saaz.
13. Müller Adolf, geb. aus Welletitz
14. **Patzel** Josef, geb. aus Saaz.
15. Pötzl Adolf, geb. aus Pladen.
16. Romisch Josef, geb. aus Pomeisl.
17. Scherber Johann, geb. aus Gottesgab
18. Singer Karl, geb. aus Saaz.
19. **Singer** Leopold, geb. aus Saaz.
20. Sommer Ernst, geb. aus Auval.
21. Stein Richard, geb. aus Saaz.
22. Süss Karl, geb. aus Saaz.
23. **Tilp** Anton, geb. aus Reschwitz.

III. Classe.

1. Eisenstein Otto, geb. aus Oberklee.
2. Frank Ferd., geb. aus Wikletitz.
3. **Fried** Leo, geb. aus Pavlikov.
4. **Heckl** Josef, geb. aus Horschowitz.
5. Hirsch Friedr., geb. aus Kaaden.
6. *Hoblik Anton, geb. aus Deutschkahn.
7. Jakob Adolf, geb. aus Saaz.
8. Kellner Ernst Karl, geb. aus Saaz.
9. Klier Reinhold, geb. aus Sollmuss.
10. Kohn Adolf Wilhelm, geb. aus Saaz
11. Kohn Oskar, geb. aus Trnowan.
12. *Kohn Victor, geb. aus Trnowan.
13. Lässig August, geb. aus Wikletitz.
14. Leiner Richard, geb. aus Saaz.
15. Löwy Ernst, geb. aus Saaz.
16. Lustig Josef, geb. aus Saaz.
17. Nathansky Rudolf, geb. aus Wien.
18. Nohel Karl, geb. aus Saaz.
19. Pörner Alois, geb. aus Taschwitz.
20. Rindskopf Karl, geb. aus Saaz.
21. Schermer Richard, geb. aus Saaz.
22. **Schoenfeld** R. v. Alfred, geb. aus Saaz.
23. Simon Friedrich, geb. aus Saaz.
24. Singer Hugo, geb. aus Saaz.
25. Stein Rudolf, geb. aus Schönhof.
26. Striebel Karl, geb. aus Saaz.
27. Strohschneider Franz, geb. aus Podersam.
28. **Telatko** Karl, geb. aus Saaz.
29. Wittner Stanislaus, geb. aus Krupa.
30. Wostry Wilhelm, geb. aus Saaz.
31. Wurdinger Alfred, geb. aus Saaz.
32. Zulauf Hugo, geb. aus Saaz.

II. Classe.

1. **Abeles** Jakob, geb. aus Saaz.
2. **Abeles** Max, geb. a. Domauschitz (Privat.)
3. **Aich** Anton, geb. aus Michelob (Privatist).
4. Bergmann Max, geb. aus Netschetin.
5. Bloch Hugo, geb. aus Horatitz.
6. **Bondy** Ernst, geb. aus Saaz.
7. Czerwenka Emil, geb. aus Kriegern.
8. *Fanta Wilhelm, geb. aus Ober-Rotschov.
9. Fischer Edgar, geb. aus Eger.
10. Fuhrmann Maximilian, geb. aus Hartmanitz.
11. **Goltz** Julius, geb. aus Komotau.
12. Grünbaum Karl, geb. aus Falkenau.
13. Hainz Adolf, geb. aus Saaz.
14. Hainz Heinrich, geb. aus Tuchorschitz.
15. **Häring** Fr. Vinzenz, geb. aus Sangerberg.
16. Heller Joh., geb. aus Theresienstadt.
17. Huckauf Josef, geb. aus Elbe-Kosteletz.
18. *Hohl Franz, geb. aus Postelberg.
19. Hohler Emil, geb. aus Saaz.
20. Krouza Josef, geb. aus Saaz.
21. **Lang** Karl, geb. aus Saaz.
22. Langstein Victor, geb. aus Postelberg.
23. Löwy Friedrich, geb. aus Saaz.
24. Löwy Oskar, geb. aus Karlsbad.
25. Pohnert Edmund, geb. aus Reitschowes.
26. **Reichert** Karl, geb. aus Grossotschehau.
27. Roth Adolf, geb. aus Podersam.
28. Schaller Otto, geb. aus Tscheraditz.
29. Schiffner Franz, geb. aus Postelberg.
30. Stein Ernst, geb. aus Saaz.
31. Stein Ernst, geb. aus Saaz.
32. Utschig Otto, geb. aus Einsiedl.
33. Waldstein Hugo, geb. aus Waltsch.
34. **Willomitzer** Josef, geb. aus Tepl.
35. Wolf Karl, geb. aus Rakonitz.
36. *Wollner Julius, geb. aus Modřowitz.
37. **Wyčichlo** Anton, geb. aus Přibenz
38. Zdrahal Josef, geb. aus Schönhof.
39. *Zeman Ludwig, geb. aus Neustattl.

I. Classe.

1. **Abeles** Friedrich, geb. aus Saaz.
2. Anderle Karl, geb. aus Saaz.
3. Baum Karl, geb. aus Podersam.
4. Büchner Adolf, geb. aus Prag.
5. Engl Alois, geb. aus Saaz.
6. *Gatscher Hugo, geb. aus Karlsbad.
7. Glaser Ernst, geb. aus Saaz.
8. Grausam Paul, geb. aus Kriegern.
9. Grünfelder Norbert, geb. aus Saaz.
10. Hauschild Josef, geb. aus Saaz.
11. *Haustein Albert, geb. aus Neustattl.
12. Heller Max, geb. aus Weitentrebetitsch.
13. Hoblik Johann, geb. aus Deutschkahn.
14. Jacob Karl, geb. aus Saaz.
15. Janetschek Karl, geb. aus Wotwowitz.
16. *Jirka Hermann, geb. aus Saaz.

17. Jungbluth Alfred, geb. aus Saaz.
18. Knobl Anton, geb. aus Schweissing
19. Kohn Julius, geb. aus Schelesen.
20. Koniček Ernst, geb. aus Saaz.
21. Leiner Rudolf, geb. aus Flöhau.
22. Löbl Arthur, geb. aus Podersam.
23. Löbl Rudolf, geb. aus Saaz.
24. Löwy Paul, geb. aus Saaz.
25. Mautner Otto, geb. aus Wottitz.
26. *Mayer Hubert, geb. aus Podersam.
27. *Moisls Josef, geb. aus Saaz.
28. *Nikasch Julius, geb. aus Saaz.
29. Nohel Otto, geb. aus Saaz.
30. **Ritter** Jakob, geb. aus Teltsch (Mähren).
31. *Schmalfuss Emil, geb. aus Tscheraditz.

32. Schuh Julius, geb. aus Sobiesak.
33. Singer Ernst, geb. aus Saaz.
34. Singer Max, geb. aus Saaz.
35. **Steinmetz** Karl, geb. aus Grosslippen.
36. Stohr Adalbert, geb. aus Postelberg.
37. *Stowasser Franz, geb. aus Grün.
38. *Strohner Vincenz, geb. aus Dobritschan.
39. Těšinski Josef, geb. aus Grün.
40. Typolt Josef, geb. aus Illedl.
41. *Weinert Karl, geb. aus Hochpetsch.
42. *Weyrauch Karl, geb. aus Saluschitz.
43. Wostry Engelbert, geb. aus Saaz.
44. Wurdinger Rudolf, geb. aus Saaz.
45. Zuleger Anton, geb. aus Neudorf.

Es waren somit im Schuljahre 1890—91 an der Anstalt eingetragen 186 öffentliche Schüler und 2 Privatisten.

XIV. Kundmachung bezüglich des Schuljahrs 1891—92 und Schlusswort des Berichterstatters.

Die Einschreibungen und Aufnahmsprüfungen neu eintretender Schüler der I. Classe finden in zwei Terminen statt. Der erste Termin der Einschreibungen fällt auf den 15. Juli l. J. (von 9—12 Uhr vormittag und von 2—5 Uhr nachmittag); die Aufnahmsprüfung der an diesem Tage Vorgemerkten findet am 16. Juli (von 8 Uhr vormittag an) statt. Im zweiten Termine erfolgen die Einschreibungen am 15. und 16. September l. J. (von 9—12 Uhr vormittag und von 2—5 Uhr nachmittag); die Aufnahmsprüfungen der im 2. Termine Vorgemerkten werden am 17. September vorgenommen. In jedem dieser Termine wird über die Aufnahme definitiv entschieden; eine Wiederholung der Aufnahmsprüfung ist weder an derselben noch an einer anderen Mittelschule zulässig. — Bei diesen Prüfungen ist nachzuweisen: Jenes Mass von Wissen in der Religion, welches in den ersten vier Jahrescursen der Volksschule erworben werden kann; Fertigkeit im Lesen und Schreiben der Unterrichtssprache und der lateinischen Schrift, Fertigkeit im Analysieren einfacher, bekleideter Sätze, Bekanntschaft mit dem Regeln der Orthographie; Uebung in den vier Grundrechnungsarten in ganzen Zahlen. — Bei der Einschreibung, zu welcher die Schüler in Begleitung ihrer Eltern oder deren Stellvertreter zu erscheinen haben, sind unbedingt vorzulegen: der Tauf- oder Geburtsschein, zum Nachweise, dass der Schüler spätestens im Jahre 1881 geboren ist, daher das 10. Lebensjahr bereits vollendet hat oder noch im Jahre 1891 vollendet, ferner, wenn der Schüler eine öffentliche Volksschule oder eine mit dem Oeffentlichkeitsrechte ausgestattete Privatschule besucht hat, das mit der h. Min.-Verordnung vom 7. April 1878, Z. 1416, vorgeschriebene Frequentationszeugnis, welches die Noten aus Religionslehre, Unterrichtssprache und Rechnen sowie den Namen des Schulbezirkes enthalten muss, welchem die betreffende Schule angehört.

2. Schüler, welche in eine höhere als die I. Classe neu eintreten sollen, haben sich am 15. September in Begleitung ihrer Eltern oder deren Stellvertreter anzumelden, den Tauf- oder Geburtsschein beizubringen und wenn sie bisher an einer öffentlichen Anstalt studierten, das mit der Bestätigung der vorschriftsmässigen Abmeldung von der zuletzt besuchten Anstalt versehene Zeugnis des letzten Semesters (eventuell auch frühere Zeugnisse) vorzulegen. Haben sie privatim oder an einer Privatanstalt Unterricht genossen, so haben sie sich einer Aufnahmsprüfung (Taxe 12 fl.) zu unterziehen.

3. Diejenigen Schüler, welche am Schlusse des Schuljahrs 1891 der Anstalt bereits angehörten, haben und zwar die Repetenten der 1. Classe am 15. und 16. September, die Schüler der anderen Classen bis 17. September in Begleitung ihrer Eltern oder deren Stellvertreter ihre Einschreibung zu erwirken.

4. Die Wiederholungs- und Nachtragsprüfungen (sowie event. Aufnahmsprüfungen in höhere Classen als die erste) werden am 16. event. 17. September abgehalten. Es haben sich daher diejenigen Schüler, welche solche Prüfungen abzulegen haben, bis 15. September anzumelden.

5. Das Veni-Sancte-Hochamt, dem alle katholischen Schüler beizuwohnen haben, wird Freitag den 18. September um 8 Uhr abgehalten.

6. Alle neueintretenden Schüler entrichten eine Aufnahmstaxe von 2 fl. 10 kr.; ferner zahlt jeder Schüler einen Lehrmittelbeitrag von 1 fl (Schüler, welche die Aufnahmsprüfungen für die 1. Classe nicht bestehen, erhalten die bei der Vormerkung erlegte Aufnahmstaxe und den Lehrmittelbeitrag zurück.)

Das Schulgeld beträgt 15 fl. für jedes Halbjahr und ist von den zahlungspflichtigen Schülern der 2.—8. Classe in beiden Semestern, von den zahlungspflichtigen Schülern der 1. Classe im 2. Semester innerhalb der ersten sechs Wochen des Semesters zu entrichten. Im 1. Semester ist für die Schüler der 1. Classe die Zahlungsfrist auf die ersten drei Monate nach Beginn des Schuljahres erstreckt; auch kann armen und würdigen Schülern der 1. Classe im 1. Semester die Zahlung des Schulgeldes über Einschreiten ihrer gesetzlichen Vertreter bedingungsweise bis zum Ende des 1. Semester gestundet, gegebenenfalls für das 1. Semester ganz erlassen werden. Gesuche um diese Stundung sind mit einem vorschriftsmässigen Mittellosigkeitszeugnisse zu belegen (Blankette solcher Zeugnisse verlegt die Direction, das Stück zu 2 kr.) und binnen acht Tagen nach erfolgter Aufnahme bei der Direction zur Veranlassung des Weiteren einzureichen.

7. Die Anmeldungen für die freien Gegenstände (Kalligraphie für die Schüler der 1. und 2. Classe, französische Sprache, für Schüler von der 4. Classe aufwärts, Stenographie (Abtheilung für Anfänger) für Schüler von der 5. Classe aufwärts, eventuell auch für einzelne Schüler der 4. Classe, böhmische Sprache, Gesang, Turnen und Zeichnen, für Schüler aller Classen) erfolgen gleichzeitig mit den Einschreibungen. Ueber die Zulassung der Angemeldeten entscheidet zu Beginn des Schuljahres die Lehrerconferenz.

64

Zum Schlusse sagt der Unterzeichnete allen, welche den Lehrmittel-
sammlungen, der Schülerlade oder unterstützungsbedürftigen
Schülern hochherzige Spenden zugewendet, hiemit den verbindlichsten
Dank. Speciell dankt er dem löblichen Verwaltungsausschusse der
hiesigen bürgerlichen Brauerei für die auch in diesem Schuljahre
bethätigte anstaltsfreundliche Gesinnung, dem verehrlichen deutschen
Turnvereine, sowie dem verehrlichen Comité für Errichtung einer
neuen Schwimm- und Badeanstalt für die den Schülern der Anstalt
überhaupt und den unbemittelten unter denselben insbesondere in munificen-
ter Weise gewährten Vergünstigungen bei Benützung der Eisbahn, beziehungsweise der neuen Schwimm- und Badeanstalt, ferner dem löblichen Com-
mando des k. k. priv. bürgerlichen Schützencorps und dem Herrn
Musikinstitutsdirector Josef Witek wie auch andern Gönnern der Anstalt
für die bereitwillige, freundliche Unterstützung des Schülerconcertes vom 9.
Mai 1891.

An diesen allseitigen Dank knüpft der Unterzeichnete die ergebene
Bitte, es möge im Interesse der Jugendbildung auch weiterhin der Anstalt,
und insbesondere der an derselben bestehenden Schülerlade werk-
thätige Theilnahme und Unterstützung zutheil werden.

SAAZ, am 15. Juli 1891.

Josef Hollub,
k. k. Gymnasial-Director.

Programm-Abhandlungen

a) des vormaligen Obergymnasiums der Prämonstratenser:

1851. A J. Dostal: Historische Nachweisungen über den Bestand und die Verfassung der einst so berühmten Schule zu Saaz (Schola Zatecensis).

1852. Dr. L. Skuczek: Quam salubris sit flore iuventutis institutio — Einige Oden des Anakreon ins Lateinische übersetzt.

1853. A. J. Dostal: Kurzgefasste Zusammenstellung der Literatur der Griechen von ihrem Uranfange bis zum Schlusse des zweiten Zeitraumes.

1854: Oct. Neužil: Ueber die Wichtigkeit des Studiums der mittelhochdeutschen Sprache auf Gymnasien.

1855. Oct. Neužil: Blick in den Orient.

1857. (Verfasser nicht genannt.) Einige Worte über die Einrichtung und den Zustand der Schulen Böhmens, besonders als Mittelschulen betrachtet, zur Zeit ihrer Blüthe unter Rudolf II. vom Jahre 1576—1612. — Uebersicht der Frequenz und der Classification am Saazer Gymnasium seit seiner Wiedereröffnung, vom Jahre 1807/8 — 1856/7.

1858. F. Girka: Die Elektricität der Atmosphäre.

b) des nunmehrigen k. k. Staatsobergymnasiums:

1874. Dr. J. Wentzel: Das zueignende Fürwort (pronomen possessivum) in der neuhochdeutschen Schriftsprache und seine Veränderungen seit dem 12. Jahrhundert.

1875. Chr. Hauser: De Quintiliani præceptis et usu nomina græca declinandi.

1876. J. Schwarz: Herzog Friedrich II., der Streitbare von Oesterreich, in seiner politischen Stellung zu den Hohenstaufen und Přemysliden. 1. Theil.

1877. J. Schwarz: Der voranstehenden Abhandlung 2. Theil.

1878. Fr. Mach: Ueber den Zweckbegriff und seine Bedeutung für die Naturwissenschaft, die Metaphysik und die Religionswissenschaft, zugleich mit einer historisch-kritischen Beleuchtung der Bestrebungen, diesen Begriff aus der Wissenschaft zu verbannen. 1 Theil.

1879. Fr. Mach: Der voranstehenden Abhandlung 2. Theil.

1880: J. Karassek: Ueber die zusammengesetzten Nomina bei Herodot.

1881. J. Merten: Kurze Theorie der Hamilton'schen Quaternionen.

1882. J. Merten: Einige Anwendungen der Hamilton'schen Quaternionen.

1883. J. Karassek: Der Infinitiv bei Herodot.

1884. G. Mayr: Das Land der Skythen bei Herodot. 1. Theil.

1885. G. Mayr: Der voranstehenden Abhandlung 2. Theil. (Mit einer Karte.)

1886. G. Mayr: Der Feldzug des Dareios gegen die Skythen.

1887. J. Hollub: Titel der in der Lehrerbibliothek des Staatsgymnasiums in Saaz befindlichen älteren Druckwerke.

1888. J. Merten: Anwendung der Hamilton'schen Quaternionen auf die Statik. 1. Theil.

1889. J. Merten: Der voranstehenden Abhandlung 2. Theil.

1890. J. Schiepek: Bemerkungen über die psychologische Grundlage des Sprichwortes

www.ingramcontent.com/pod-product-compliance
Lightning Source LLC
Chambersburg PA
CBHW022022080426
42733CB00007B/690